Éditions du Moment
15, rue Condorcet
75009 Paris
www.editionsdumoment.com

Petits secrets et grands privilèges de l'Assemblée nationale

Bruno Botella

Petits secrets et grands privilèges de l'Assemblée nationale

LES ÉDITIONS DU MOMENT

« Nous devrons donc adopter les méthodes de travail les plus modernes, ressortissant des dernières techniques de l'organisation, de telle manière que soient assurés le plein emploi des parlementaires et le rendement le plus élevé du travail effectué. »
Allocution de Jacques Chaban-Delmas, le 11 décembre 1958, jour de son élection à la présidence de l'Assemblée nationale.

« Il nous faudra tous préparer l 'Assemblée nationale de l'an 2000 par notre organisation interne, par nos méthodes de travail, épaulés par le personnel, exceptionnel de l 'Assemblée, par nos contacts avec la société française et internationale. »
Allocution de Laurent Fabius, le 23 juin 1988, jour de son élection à la présidence de l'Assemblée nationale

« Notre assemblée doit vivre avec son temps. Plus que jamais, ayons à cœur d'en faire une maison de verre. Transparente, exemplaire, irréprochable, parce que la force de la loi est subordonnée à l'exemplarité du législateur. »
Allocution de Claude Bartolone, le 26 juin 2012, jour de son élection à la présidence de l'Assemblée nationale

PROLOGUE

« *Une maison de verre, transparente, exemplaire, irréprochable.* » Au moment où Claude Bartolone exprimait ce vœu à l'occasion de son premier discours de président de l'Assemblée nationale, l'auteur de ces lignes mettait enfin la main sur les comptes annuels 2011. Un document papier, consulté sur un coin de table grâce à une source généreuse, dont je recopiais des extraits dans un carnet de notes. Ce travail fastidieux aurait dû être inutile puisque le rapport avait, comme tous les ans, été discrètement mis en ligne sur le site Internet de l'Assemblée. Mais, à bien comparer, il ne s'agissait pas de la même version du rapport. Dans celle qui était publiée, les comptes avaient été expurgés de certains chiffres, tableaux et détails sur les frais de fonctionnement, le personnel et autres investissements. Pas si « transparent et exemplaire ».

Malgré la volonté affichée par les présidents successifs de mettre fin à l'opacité et au culte du secret, les habitudes ont la vie dure au Palais-Bourbon.

Cet état d'esprit s'explique par l'histoire. Le respect de la séparation des pouvoirs passe sans doute par une vigilance de tous les instants. Jusqu'à la paranoïa parfois. En 2008, l'audit de la Cour des comptes, pourtant commandité par le président de l'Assemblée, avait tourné au psychodrame. Des magistrats dans la maison du peuple ! La sacro-sainte autonomie financière justifie-t-elle pourtant l'absence de contrôle ? Y aurait-il des deniers publics plus contrôlables que d'autres ? Le poison de l'antiparlementarisme ne se nourrit-il pas de cachotteries, d'habitudes dissimulées, de cet entre-soi qui autorise toutes les dérives ?

Après plusieurs mois d'enquête, j'ai constaté que l'absence d'ouverture de l'Assemblée nationale n'est pas uniquement le fait des députés. La mentalité « maison » est surtout entretenue par les fonctionnaires, petits et grands, dont l'ensemble des élus loue le dévouement, la neutralité, tout en déplorant l'esprit de corps. Ils incarnent le culte du secret qui prévaut derrière les murs du Palais-Bourbon et de ses nombreuses annexes. Quel paradoxe pour une maison qui accueille pourtant près de deux cent mille visiteurs par an, ouvre chaque semaine ses portes comme un musée et qui a fait de la publicité des débats parlementaires une religion !

Durant des décennies, la maison a mené grand train. Pour se faire pardonner d'abriter les députés dans une ancienne demeure bourgeoise qui n'avait pas vocation à devenir une enceinte parlementaire, elle a dépensé sans compter, améliorant le confort et les conditions de travail des élus et du personnel. Aucun souci d'ordre matériel ne doit gêner le législateur dans sa tâche. Le principe est appliqué à la lettre. Les fonctionnaires, simple agent d'accueil ou directeur, sont mis entièrement au service des députés. Autonomie de l'Assemblée oblige, les parlementaires sont censés gérer l'institution à travers des instances comme le bureau et la questure. Mais faute d'implication suffisante, par manque d'intérêt et de temps, les politiques ont cédé leur pouvoir aux technocrates. Ces derniers leur ont arraché, sans trop forcer, au fil des années, des primes et des avantages à faire pâlir d'envie les fonctionnaires de l'État.

Presque toujours à l'étroit dans son palais, l'Assemblée nationale s'est lancée dans une dispendieuse politique immobilière – paiement de loyers mirobolants, acquisitions aux abords du Palais-Bourbon, dans le quartier le plus cher de Paris, rénovations luxueuses –, à rebours de ce que fait l'État, qui vend ses hôtels particuliers du 7e arrondissement.

Aujourd'hui soumis à la rigueur puisque l'enveloppe annuelle que lui verse l'État est en légère baisse après avoir été gelée, l'institution doit apprendre à faire des choix dans ses dépenses, moderniser ses services, surveiller ses recrutements. Une révolution culturelle qui est d'autant plus difficile à mener que députés et fonctionnaires ont toujours connu l'opulence. Longtemps coupé des réalités et contraintes de la vraie vie, le Palais-Bourbon tente de résister à cette lente normalisation. Pour l'instant les privilèges tiennent bon. Au détriment du travail parlementaire ? Certains élus commencent à se plaindre du manque de moyens dont ils disposent pour assumer une tâche de plus en plus complexe. Faire la loi et contrôler les politiques publiques nécessitent des moyens qui sont surtout mobilisés pour payer des agents – un tiers du budget total – et « *sacrifier à l'apparence du pouvoir* », selon l'expression d'un député désabusé.

« *Pourquoi ne vous intéressez-vous pas plutôt au Sénat ?* » Cette question est revenue à de nombreuses reprises, sérieusement ou sous forme de boutade, au cours de cette enquête. Certains se sont étonnés, d'autres offusqués, que l'on se penche sur le fonctionnement de l'Assemblée nationale. Le Sénat, qualifié en 1998 d'« *anomalie parmi les démocraties*[1] » par Lionel Jospin alors Premier ministre, serait, à les entendre, le lieu qui concentrerait tous les vices de la République. Outre que d'autres ouvrages se sont employés à dénoncer les dérives du palais du Luxembourg, l'institution sénatoriale semble avoir entrepris de s'amender. Il m'a donc paru indispensable de montrer l'envers du

1. Interview, *Le Monde*, 21 avril 1998.

décor de la maison des députés, là où bat le cœur de la démocratie. Si la démocratie n'a pas de prix, elle a un coût. À l'heure où le Palais-Bourbon entre, selon son président, « *dans l'ère de la sobriété budgétaire* », il semblait intéressant d'offrir au lecteur cette immersion dans les petits secrets et grands privilèges de l'Assemblée nationale.

I

L'AUDIT CACHÉ

Au début de l'hiver 2008 à l'hôtel de Lassay, somptueux palais qui abrite la résidence et les bureaux du président de l'Assemblée nationale, une réunion tendue se tient autour du maître des lieux, Bernard Accoyer. Les mines sont fermées. Un homme va passer un sale moment. Président de la 4e chambre de la Cour des comptes, Alain Pichon, sexagénaire respectable, se fait sermonner comme un enfant. Il est question de « *rupture de confiance* », de « *contrat non respecté* », de « *fuites inacceptables* ». Mais que reprochent donc les autorités de l'Assemblée nationale à ce haut fonctionnaire qui, comble de malchance, se présente ce soir-là face à ses accusateurs, affaibli physiquement, un gros pansement sur la tête après une mauvaise chute ?

Durant plusieurs mois, trois magistrats de la Cour des comptes ont audité l'Assemblée nationale à la demande du président Accoyer. Un « deal » entre lui et l'un de ses prédécesseurs au « perchoir », devenu Premier président de la Cour des comptes, Philippe Séguin.

Mais l'initiative lui a été inspirée par l'ex-chef de l'État. Au début de son mandat, Nicolas Sarkozy a confié à son ancien mentor Édouard Balladur le soin de réfléchir à un dépoussiérage des institutions. La commission que préside celui-ci préconise, entre autres, de faire contrôler l'Élysée, l'Assemblée nationale, le Sénat et même le Conseil constitutionnel par la Cour des comptes. Des institutions qui du haut de leur grandeur gèrent leur argent comme elles l'entendent, à l'abri des regards, parfois aux limites de la légalité. Nicolas Sarkozy veut frapper un grand coup. Il donne l'exemple et décide de jouer la transparence sur le budget de l'Élysée. La rupture avec les pratiques du passé est nette, même si les moyens alloués à la présidence de la République restent confortables. La directrice de cabinet du Président, Emmanuelle Mignon, prend même la peine de répondre aux questions du député socialiste, Jean Launay, rapporteur du budget de l'Élysée à l'Assemblée, qui n'en revient pas ! Hélas pour l'Élysée, ce louable effort de transparence passe inaperçu et l'opinion retient surtout la décision du Président de doubler son salaire. Sur sa lancée, au printemps 2008, comme il l'avait promis, Nicolas Sarkozy demande à la Cour des comptes de venir contrôler l'Élysée et de rendre public tous les ans son rapport. Philippe Séguin qui a beaucoup d'ambition pour son institution voit enfin son vœu s'exaucer. L'ex-homme politique se réjouit de retrouver un rôle de premier plan et de susciter l'intérêt médiatique au travers des nouvelles missions de la Cour des comptes. Aussi mène-t-il lui-même les négociations avec les autres institutions en passe d'être contrôlées pour la première fois, et qu'il faut rassurer.

Pour le Sénat, ce sera « non » d'emblée. Pas question de laisser la Cour des comptes venir mettre son nez au palais du Luxembourg et renifler de près le tas d'or sur lequel les sénateurs sont assis : une réserve qui dépasse le milliard d'euros. Même refus de la part du Conseil constitutionnel. Les magistrats envoyés en éclaireurs par Philippe Séguin sont sèchement reçus par Jean-Louis Debré : « *Dites à votre Premier président que j'accepterai un contrôle le jour où je pourrai moi-même contrôler la Cour des comptes !* »

L'Assemblée nationale, elle, ne se refuse pas à l'air du temps. Soucieux de montrer que les députés, comme l'Élysée, n'ont rien à cacher, Bernard Accoyer accepte fin 2007 de laisser la Cour des comptes faire son audit. Un événement dont l'importance échappe au commun des mortels, mais qui va provoquer un séisme en interne, une succession de psychodrames et quelques carrières cabossées.

Élu au perchoir en juin 2007 dans la foulée de la victoire de Nicolas Sarkozy et de la droite aux législatives, Bernard Accoyer cherche à inscrire son action dans les pas de celle du gouvernement. Le député de Haute-Savoie qui rêve durant tout le quinquennat de devenir ministre ne fera rien qui puisse contrarier l'action de l'exécutif et du président de la République. À l'été 2007, s'ouvre le grand chantier de la RGPP [1], avec son cortège de suppressions de postes de fonctionnaires et de réformes dans les administrations. Pilotées au sommet de l'État par le secrétaire général de l'Élysée, Claude Guéant, ces mesures ont vocation à essaimer.

À l'Assemblée nationale, le président dispose d'une administration, par définition neutre, et d'un cabinet politique d'une douzaine de membres nommés par lui. Installés à l'hôtel de Lassay qui jouxte le Palais-Bourbon, Bernard Accoyer et ses collaborateurs, en particulier le préfet Pierre Dartout, directeur de cabinet, se persuadent qu'il faut frapper un grand coup en montrant l'exemple. « *Je connaissais bien l'institution, je savais qu'elle coûtait cher et l'heure était aux économies* [2] », se souvient Bernard Accoyer, qui rencontre Philippe Séguin pour donner un cadre à l'audit. L'ancien et le nouveau président de l'Assemblée nationale, ex-compagnons de route du RPR, se connaissent bien, mais ils ne s'apprécient guère. Un monde sépare le grand lion blessé, sorti de la politique sur une série d'échecs, et l'ex-chiraquien converti au sarkozysme. Philippe Séguin,

1. Révision générale des politiques publiques.
2. Entretien avec l'auteur, le 27 juin 2012.

haut fonctionnaire qui a le mépris facile, regarde avec condescendance un Bernard Accoyer, intimidé, qui a du mal à trouver ses marques au perchoir. Mais Philippe Séguin, connu pour rugir très fort, prend sur lui et fait patte de velours face au président de l'Assemblée. S'il veut que la Cour des comptes soit admise en confiance dans d'autres institutions et revienne tous les ans au Palais-Bourbon, l'audit doit se passer sans heurts. « *À l'Assemblée nationale, nous avons mis en place une méthode de contrôle, en concertation avec le président Accoyer, et les choses se présentent très bien* », affirme un peu vite, en mars 2008, Philippe Séguin, dans une interview au magazine *Acteurs publics*[1].

« *La Cour des comptes viendrait, mais respecterait l'indépendance institutionnelle et financière* », explique aujourd'hui Bernard Accoyer. Tels étaient les termes de l'accord conclu verbalement. En clair, pas question pour les magistrats de la rue Cambon de fouiller dans les affaires des députés et dans les dépenses dites « politiques », c'est-à-dire le fonctionnement des groupes politiques, des commissions, les moyens et indemnités accordés aux élus du peuple, la présidence. Promis juré, les trois magistrats désignés, sous l'autorité d'Alain Pichon, président de la 4e chambre de la Cour des comptes, travailleront dans le

1. *Acteurs publics*, n° 42, mars 2008.

cadre strictement défini. C'est à prendre ou à laisser. « *L'accord non écrit entre Séguin et Accoyer se résume ainsi : tu contrôles, mais pas tout* », se souvient-on à la Cour des comptes.

Selon un témoin privilégié de l'époque, Bernard Accoyer qui a mis « *un pied prudent dans l'eau froide* » vit cet audit comme une affaire personnelle. Après tout, c'est lui et lui seul qui l'a demandé. Sans s'en rendre compte, le président de l'Assemblée multiplie les erreurs de méthode. Alors que le champ d'enquête de la Cour des comptes concerne les aspects administratifs, la gestion du personnel et les affaires immobilières, la questure, c'est-à-dire le collège de députés, deux de la majorité et un de l'opposition, qui ont la haute main sur les finances de l'Assemblée, est tenue à l'écart. « *Accoyer a voulu gérer cela tout seul, comme d'habitude. Pour que la démarche réussisse et que la décision d'imposer un audit ait plus de poids, il aurait fallu que les questeurs*[1] *et les députés du bureau*[2] *soient associés*, analyse aujourd'hui un ancien collaborateur du président. *Cela aurait aussi permis de briser la réticence des services de l'Assemblée.* »

Car la décision historique de laisser entrer des magistrats de la Cour des comptes passe très mal. La révolte gronde et la clameur des fonctionnaires du Palais-Bourbon arrive plus

1. Trois députés, élus par leurs pairs, chargés de l'administration de l'Assemblée nationale.
2. Vingt-deux députés qui ont compétence sur l'organisation de l'Assemblée nationale.

ou moins distinctement aux oreilles de Bernard Accoyer. Le député UMP Philippe Briand, questeur[1] de l'Assemblée nationale depuis 2007, n'accable pas l'ancien président, dont il soutient à l'époque discrètement la démarche[2] : « *Il est issu de la société civile comme moi, il est habitué à être contrôlé, c'est presque naturel.* » « *Accoyer a cru que c'était un contrôle personnel !* » tranche un membre de la Cour. Il a donc sous-estimé le malaise provoqué par la présence de trois magistrats, entrés là par effraction selon la majorité du personnel et des députés. La présidence a beau rassurer les parlementaires en leur expliquant que le périmètre de l'audit est limité à l'administratif, « *les députés se sont dit : ils vont éplucher nos déplacements, nos indemnités* », se souvient un ancien très haut fonctionnaire de l'Assemblée. Il faut dire que la frontière entre la « politique », c'est-à-dire l'activité parlementaire, et l'administratif est floue dans la maison des députés. Si par exemple, comme ce fut le cas, la Cour fourre son nez dans les affaires immobilières, elle touche directement aux conditions de travail des députés. Si les magistrats mettent au jour de nombreux comptes en banque qui ont été ouverts par les différents questeurs et se sont accumulés au fil des années, avec des sommes oubliées

1. De 2007 à la 2012, les trois questeurs sont Richard Mallié (UMP), Marylise Lebranchu (PS) et Philippe Briand (UMP). Ce dernier a été reconduit en 2012 et deux députés socialistes ont été désignés, Bernard Roman et Marie-Françoise Clergeau.
2. Entretien avec l'auteur, le 27 juillet 2012.

ici et là, ils s'intéressent de fait à la gestion des fonds alloués chaque année à l'Assemblée. Et à la sacro-sainte autonomie financière dont jouit la représentation nationale, en application de l'ordonnance de 1958 sur le fonctionnement du Parlement.

C'est pour toutes ces raisons que les fonctionnaires et plusieurs députés sont vent debout contre l'audit et vont mener une guérilla pour que la Cour des comptes échoue.

Les 1250 statutaires de l'Assemblée nourrissent « *le sentiment que les dirigeants de la maison ne leur font pas confiance* », rapporte un témoin de l'époque. L'atmosphère dans les couloirs du Palais-Bourbon est épouvantable. La psychose telle que chaque service redoute que le bureau d'à côté ne fasse des confessions aux magistrats.

Parmi les hauts fonctionnaires, il y en a un, Yves Michel, qui joue à fond le pourrissement. Il est pourtant statutairement le fonctionnaire le plus proche de Bernard Accoyer puisqu'il est secrétaire général de l'Assemblée nationale et de la présidence. Âgé de soixante-cinq ans, au sommet de la hiérarchie après quarante ans de carrière, ce personnage charismatique s'est entendu comme larron en foire avec Jean-Louis Debré, prédécesseur de Bernard Accoyer. Ce dernier en a hérité et doit composer avec lui, ce secrétaire général aussi compétent que colérique qui, malgré le devoir de réserve et de neutralité auquel il est astreint, est aussi un élu local, maire Divers droite de Tourville-sur-Sienne dans la Manche.

Particularité de l'Assemblée nationale comme du Sénat, elle compte non pas un, mais deux secrétaires généraux. Les rôles sont répartis comme suit : au « SG » de la présidence un rôle politique, c'est-à-dire la bonne gestion des séances et du travail parlementaire, au « SG » de la questure le rôle financier et administratif. Ce bicéphalisme, objet de débats récurrents chez les universitaires et les spécialistes du Parlement, horrifie par sa complexité ceux qui s'intéressent un minimum au fonctionnement des administrations. La présence de ces deux « SG », qui se regardent en chiens de faïence et s'affrontent parfois, sous l'œil du président de l'Assemblée réduit à compter les points, défie toute logique. Les tensions explosent au grand jour dès qu'un grain de sable vient gripper la lourde machine parlementaire, surtout quand le climat est électrisé par la présence d'intrus, en l'occurrence des magistrats de la Cour des comptes.

Dans le petit monde de l'Assemblée nationale, souvent comparée à un village, les rumeurs se propagent vite. La paranoïa ne va épargner personne, pas même les auditeurs de la Cour des comptes. Soucieux de leur indépendance, ils n'ont pas l'intention de se laisser instrumentaliser. Sans ignorer le « deal » conclu entre leur patron Philippe Séguin et Bernard Accoyer sur le champ limité de leurs travaux, ils se laissent parfois emporter par leur élan. « *Alors que l'audit ne devait porter que sur une période récente, un des rapporteurs a voulu remonter dans le temps et il a buté sur la présidence Séguin douze ans plus tôt. Il est vite revenu dans les clous* », raconte un témoin de premier plan. Les magistrats se montrent souvent maladroits, ne ménageant pas la susceptibilité des fonctionnaires. Soumis à un strict devoir de discrétion, le personnel ne voit pas au nom de quoi il répondrait aux questions. « *La Cour a agi à l'Assemblée nationale sans prendre de pincettes, comme si elle avait eu à contrôler un conseil régional ou une mairie. Or, il s'agissait d'un audit, pas d'un contrôle* », rappelle un haut fonctionnaire de la maison.

Face à l'opposition qu'ils rencontrent, les magistrats se demandent s'ils ne sont pas tombés dans un piège. Bernard Accoyer se servirait de la Cour des comptes pour pousser à la fusion des deux secrétariats généraux, au profit du secrétariat général de la présidence, c'est-à-dire d'Yves Michel qui en rêve à haute voix. Une hypothèse peu probable quand on sait l'hostilité entretenue par ce dernier vis-à-vis de la Cour, mais qui illustre l'atmosphère délétère de l'époque.

Le cabinet de Bernard Accoyer qui soutient toujours la démarche de l'audit, en dépit du climat lourd et des maladresses des magistrats, s'agace de voir Yves Michel jouer la politique du pire. Des altercations ont lieu entre le tout-puissant secrétaire général, au verbe haut, et le nouveau directeur de cabinet de Bernard Accoyer, recruté en mai 2008, en cours d'audit, Olivier Challan Belval. Conseiller de Philippe Séguin lorsque ce dernier était président de l'Assemblée, il reçoit des coups de fil nerveux de son ex-patron inquiet pour la suite des opérations. « *Je suis sûr que vous allez enterrer le rapport !* » hurle régulièrement le Premier président de la Cour des comptes, qui pourtant ne fait rien pour calmer le jeu.

Un témoin de premier plan en est persuadé : « *Yves Michel a poussé la Cour à la faute. Sous la pression du secrétaire général, les services ont mis de la mauvaise volonté. Finalement cela ne perturbait personne que le rapport d'audit comporte des conneries car cela permettrait, par la suite, de le discréditer.* » Pour Yves Michel, le maître du règlement que l'on voit murmurer à l'oreille de Bernard Accoyer durant les séances dans l'hémicycle, l'opération Cour des comptes, pourtant initiée par son patron, doit échouer. Pour deux raisons simples : une avouable, préserver l'indépendance de l'institution ; l'autre moins, la transparence sur le train de vie de l'Assemblée pourrait nourrir l'antiparlementarisme. Alors, puisque le diable est dans la maison, tous les coups sont permis. « *Il s'est comporté comme un garde-chiourme. Chaque fonctionnaire qui devait être interrogé par les types de la Cour des comptes était dûment briefé avant par Yves Michel* », se souvient un cacique acteur de l'époque.

Après cinq mois de travail, les trois magistrats placés sous l'autorité d'Alain Pichon pondent un rapport provisoire de quelque deux cents pages. Comme le veut l'usage, la Cour des comptes doit adresser ses conclusions à l'institution auditée, qui dispose d'un délai pour répondre. Une procédure contradictoire classique avant le rapport définitif. La rue Cambon, siège de la Cour des comptes, a prévu de faire parvenir cinq exemplaires au président de l'Assemblée nationale. La tension reste vive au Palais-Bourbon où l'on attend le rapport avec inquiétude même si seul Bernard Accoyer en sera destinataire. La crainte de fuites dans la presse est telle que le directeur de cabinet du président de l'Assemblée demande à la Cour des comptes que les exemplaires soient numérotés. La Cour a l'habitude de ce genre d'exigences. Il lui arrive même de laisser traîner des coquilles ou des fautes d'orthographe dans quelques exemplaires confidentiels afin de mieux « tracer ». Comme on n'est jamais trop prudent, c'est un motard de la gendarmerie qui apporte le colis à l'hôtel de Lassay, seulement séparé de la rue Cambon par la Seine et la place de la Concorde.

L'irréparable se produit pourtant quelques semaines plus tard. Le samedi 1er novembre, Bernard Accoyer reçoit un coup de fil d'une journaliste du *Journal du dimanche* qui s'est procuré une synthèse de l'audit. Elle lui demande de réagir alors qu'un article doit paraître dans l'édition du lendemain. Le président de l'Assemblée nationale ne comprend pas qu'une telle fuite ait pu survenir et soupçonne aussitôt la Cour des comptes. « *Je suis moi-même à l'origine de ce contrôle. L'Assemblée est la première institution indépendante à se soumettre à un tel audit extérieur* (...). *Ce document est de nature confidentielle et il n'avait pas vocation à circuler* », déclare-t-il au *JDD*. Lui qui avait pris la précaution de mettre son exemplaire dans un coffre se sent trahi. « *On travaille en confiance avec la Cour des comptes et, en pleine procédure contradictoire, avant même qu'on ait pu répondre, il y a des fuites* », s'emporte-t-il lorsqu'il joint au téléphone Philippe Séguin le dimanche matin. « *On a eu une explication avec Philippe,* se souvient-il. *J'avais fait le premier pas, je n'ai pas du tout aimé me retrouver dans cette situation. Cet incident entre deux institutions majeures de la République a créé une rupture de confiance.* » Philippe Séguin, « *très emmerdé* » selon son interlocuteur, répond que la fuite ne vient pas de lui. Il défend ses magistrats, ce qui est normal, mais le mal est fait. À l'Assemblée nationale, les révélations du *Journal du dimanche* font l'effet d'une bombe. Les questeurs qui n'avaient pas relu le rapport complet le réclament à Bernard Accoyer. Ce dernier les autorise à venir le consulter dans son bureau. Quant au rapporteur budgétaire de la mission « Pouvoirs publics », qui comprend notamment le budget de l'Élysée, de l'Assemblée nationale et du Sénat, le député socialiste Jean Launay, il n'aura jamais accès au rapport, ni à la synthèse, malgré ses demandes. Circulez, y a rien à voir !

Officiellement le président de l'Assemblée nationale est furieux que le rapport ait fuité avant qu'il n'ait eu le temps de répondre à la Cour. Mais son mécontentement est antérieur à cet incident. Depuis que l'audit provisoire est posé sur son bureau de l'hôtel de Lassay, il peaufine sa réponse. Non content d'avoir rudoyé la maison durant des semaines, les magistrats auraient commis de « *grossières erreurs* », selon le questeur Philippe Briand. « *Il y avait des choses fausses* », admet Bernard Accoyer. Le plus remonté de tous est encore Yves Michel, qui s'est senti personnellement visé par l'une des remarques des rapporteurs sur un point de détail. « *J'aurais honte si mes administrateurs pondaient un travail aussi indigent !* » tonne le secrétaire général de l'Assemblée.

Que révèle donc de si sulfureux cette malheureuse synthèse parue dans la presse ? La Cour relève des dépenses de fonctionnement trop élevées, en hausse de près de 50 % en dix ans, et quelques détails qui tuent. Comme cette dizaine de comptes bancaires, gérés de manière cloisonnée, et certains oubliés. Une politique des achats courants telle qu'un million d'euros de dépenses aurait pu être évité en 2007. En matière immobilière, l'Assemblée s'étant lancée dans de grands travaux depuis quelques années, la Cour pointe le coût de la rénovation du « 101 rue de l'Université », qui aurait presque doublé par rapport aux prévisions. Cet immeuble acquis par l'Assemblée dans les années 1970 accueille deux cent quatre-vingts bureaux de députés, des salles de conférences et un restaurant avec vue sur les toits de Paris. La Cour ne se prive pas de dénoncer en filigranes le caractère luxueux de cette rénovation.

Autre grief : la politique de prêts à taux cassés accordés au personnel et aux députés. L'Assemblée nationale, banquière compréhensive, cumulait en 2008 plus de 120 millions d'euros de prêts en cours. Mais ce qui provoque le plus de remous au sein de la maison, c'est le chapitre consacré aux salaires des fonctionnaires de l'Assemblée, 1 250 personnes payées au minimum 75 % à 150 % plus que leurs homologues de la fonction publique d'État, compte tenu des primes diverses. Les magistrats se sont même amusés à calculer la moyenne des vingt-quatre rémunérations les plus élevées : 213 000 euros annuels par personne !

Trop c'est trop, pour Bernard Accoyer qui se mord les doigts d'avoir fait entrer la Cour des comptes à l'Assemblée nationale. Il décide alors de tourner la page au plus vite. Les hauts fonctionnaires sont ulcérés par ces révélations. « *La Cour n'a constaté aucune malversation* », se défend maladroitement Bernard Accoyer dans le *Journal du dimanche*. Cette petite phrase accrédite, aux yeux des fonctionnaires et de ceux qui étaient hostiles à l'audit, l'idée que les magistrats de la Cour étaient là pour chercher la petite bête.

Pour clore, autant que possible dans les règles, cet épisode, le président de l'Assemblée consent à répondre à la Cour. Mais, au lieu de plusieurs chapitres argumentés comme c'est l'usage, la Cour doit se contenter d'une « *page torchon* », à peu près vide, selon un magistrat de la Cour.

L'affaire n'en reste pas là. L'explication aura lieu en tête-à-tête. La Cour des comptes est convoquée à l'Assemblée nationale par le président Accoyer. La procédure normale permet de s'accorder sur le rapport final et d'échanger directement avec les rapporteurs. Le climat est tel que les trois magistrats, soupçonnés d'avoir fait fuiter le rapport, sont déclarés *persona non grata*. Philippe Séguin qui flaire le traquenard s'énerve. Il ne veut pas que le président de la 4e chambre, Alain Pichon, se retrouve seul face au président et à ses collaborateurs. Bernard Accoyer ne cède pas. Ce magistrat, l'un des plus importants de la Cour des comptes – il assurera même l'intérim à la tête de l'institution à la mort de Philippe Séguin –, affrontera donc seul ses détracteurs. « *Nous vous avons fait confiance, ce qui est sorti dans la presse est insupportable* », lance Bernard Accoyer. À leur tour, les questeurs, Philippe Briand, Marylise Lebranchu et Richard Mallié, sermonnent Alain Pichon, sous les regards sévères des autres présents : Yves Michel, secrétaire général de l'Assemblée, son homologue secrétaire général de la questure, Xavier Roques et Olivier Challan Belval, directeur de cabinet de Bernard Accoyer. « *En trois minutes, c'était plié* », se souvient le député UMP Philippe Briand. La Cour des comptes ne remettra plus les pieds à l'Assemblée nationale, alors qu'elle continue d'aller chaque année à l'Élysée. L'opération « portes ouvertes » a tourné court.

Bernard Accoyer, ayant quitté l'hôtel de Lassay en juin 2012 après la défaite de la droite aux législatives, s'est empressé de détruire les exemplaires du rapport maudit qu'il conservait dans son bureau. Son successeur socialiste au perchoir, Claude Bartolone, peut toujours en demander une copie à son ancien collègue Didier Migaud, Premier président de la Cour des comptes, qui en détient au moins une dans son coffre, rue Cambon. Les deux hommes, longtemps proches de Laurent Fabius, se sont rencontrés en juillet 2012 pour retisser les liens entre les deux institutions. Soucieux de ne pas mettre le feu à la maison, Claude Bartolone a d'abord entrepris d'« *auditer l'audit de 2008* » pour ne pas commettre les mêmes erreurs. « *Vous ne pouvez pas contrôler l'Assemblée comme si c'était une collectivité locale, il faut conjuguer transparence et indépendance*, confie en juillet 2012 le nouveau président de l'Assemblée nationale. *Nous devons élaborer une règle du jeu qui ne déshonore ni l'Assemblée ni la Cour des comptes*[1] ». Habile communicant, Claude Bartolone peut donc annoncer, dès le 25 septembre 2012, que la Cour des comptes va « *entrer* » au Parlement. « *Entrer* » certes, mais pas du tout avec la même feuille de route qu'en 2008. À partir de l'exercice 2013, les comptes de l'Assemblée et du Sénat seront certifiés par les magistrats de la rue Cambon, alors que jusqu'à présent cette tâche est dévolue à l'Ordre des experts comptables. Une décision « *indispensable pour démontrer à nos concitoyens que leur Assemblée n'a rien à cacher*[2] », selon Claude Bartolone. En réalité cette certification ne constitue qu'un maigre progrès. « *Pour nous, il ne s'agit pas d'un simple contrôle, mais bien davantage d'engager nos deux maisons dans une démarche ambitieuse qui permettra, année après année, de passer en revue toutes les procédures comptables, avec toutes les garanties de sérieux et d'indépendance qui s'attachent au travail de la Cour des comptes*[3] », veut croire le président de l'Assemblée. Pour l'instant, la Cour a juste remis un pied dans la porte.

1. Entretien avec l'auteur, le 23 juillet 2012.
2. Conférence de presse du 25 septembre 2012.
3. Entretien avec l'auteur, le 23 juillet 2012.

La prudence de Claude Bartolone montre à quel point ces mois de tension ont marqué l'Assemblée nationale. Pour preuve, Yves Michel, en poste depuis 2003, a dû laisser, à regret, son fauteuil de secrétaire général de l'Assemblée nationale en 2010 et prendre sa retraite. Bernard Accoyer lui avait pourtant promis de le prolonger à son poste. Avec le départ à la retraite, presque au même moment, de l'autre secrétaire général, celui de la questure, Xavier Roques, une page s'est tournée dans la maison, même si, en matière de gestion du personnel, les habitudes ont la vie dure.

II

DES FONCTIONNAIRES EN OR MASSIF

L'Assemblée nationale a longtemps cru que, pour préserver son indépendance, mieux valait rester entre soi. Voilà pourquoi, jusque dans un passé pas si lointain, le recrutement relevait du parrainage. Les offres d'emploi au Palais-Bourbon étaient l'un des secrets les mieux gardés de Paris, mais aussi de province, car les embauches passaient par les trois députés de la questure.

Ces parlementaires responsables des finances et de l'administration préféraient recruter dans leur circonscription ou leur région, d'où, selon les périodes, une surreprésentation d'huissiers, chauffeurs ou agents divers, originaires de tous les coins de France. Le copinage ou la cooptation fonctionnaient à fond. N'a-t-on pas coutume de dire que l'Assemblée nationale est une grande famille? On y était souvent huissier de père en fils. Ce lien direct entre député et agent avait parfois tendance à court-circuiter la hiérarchie, pourtant pesante au sein de cette maison qui compte plus d'un millier de fonctionnaires. Il arrive aujourd'hui encore, même si les secrétaires généraux veillent au grain, qu'un membre du personnel s'adresse discrètement au député de sa circonscription, croisé dans les couloirs, pour évoquer un problème d'avancement ou de promotion. Comme les députés ont toujours du mal à dire non à quelqu'un de « chez eux », ainsi sollicités, ils intervenaient auprès de leur collègue questeur pour arranger le coup.

Il faut toutefois reconnaître que ces pratiques ont tendance à se raréfier.

Le déroulé des carrières comme les recrutements sont désormais cadrés et s'inspirent des règles en vigueur pour la fonction publique. Depuis le début des années 1980, tous les fonctionnaires de l'Assemblée nationale sans exception sont embauchés par concours. Jusqu'à cette date, seule « l'aristocratie » du Palais-Bourbon, les administrateurs, devait se soumettre à telle épreuve. Mais les plus anciens se souviennent que, dans les années 1960 et 1970, les vacances de postes d'administrateurs étaient tellement méconnues que, pour se présenter aux épreuves, il fallait avoir un ami ou un parent au Palais-Bourbon. À l'époque, on n'entrait pas par hasard à l'Assemblée. Aujourd'hui, les avis de concours sont consultables sur le site Internet de l'institution. Les candidats se pressent aux épreuves, alors que les postes offerts se comptent sur les doigts d'une main, ou des deux mains les années fastes.

Cette attractivité n'est pas seulement due au prestige de l'institution. Depuis un demi-siècle, le statut des fonctionnaires de l'Assemblée nationale cumule les avantages de la fonction publique « classique » avec des privilèges spécifiques.

En 1963, le personnel statutaire de l'Assemblée a acquis la qualité de fonctionnaires d'État. Mais pas question de tout mélanger. Au nom du principe de séparation des pouvoirs entre l'exécutif et le législatif, ces fonctionnaires-là ont conservé un statut spécial qui interdit à l'État de mettre le nez dans leurs carrières et recrutements. Ils dépendent des députés du bureau[1] et des questeurs, parlementaires eux aussi. Et qui dit statut spécial dit mode de rémunération spécial, régime spécial de retraite et de protection sociale et obligations spéciales.

Au nom de ces principes, tout fonctionnaire qui entre à l'Assemblée nationale a vocation à y rester toute sa vie. Ses quarante ou quarante-cinq ans de vie professionnelle sont généralement balisés. Les métiers sont nombreux, les possibilités de promotion interne aussi, et sa carrière se déroule sous cloche, dans un îlot doré du 7e arrondissement de Paris. Rien de commun avec le fonctionnaire d'État qui, même au sein d'un seul ministère, peut passer de l'administration centrale aux services départementaux ou régionaux.

---

1. Voir note 2 page 20

Sans parler des passerelles vers les autres ministères et les collectivités territoriales. Revers de la médaille : « *Ici pour les fonctionnaires, c'est un bocal où l'on respire difficilement*[1] », reconnaît Bernard Accoyer. Si, officiellement, la mobilité est encouragée, les textes sont très restrictifs. Les mises à disposition ne sont autorisées que pour les hauts fonctionnaires.

Et encore, les organismes ou institutions censés accueillir ceux qui veulent s'aérer quelques années sont scrupuleusement listés : institutions européennes, parlements étrangers, autorités administratives indépendantes, conseil d'État ou Cour des comptes. Il s'agit de postes très haut de gamme qui ne permettent pas de grandes transhumances.

Sur le papier, le détachement reste possible pour les fonctionnaires de toutes les catégories, y compris vers des collectivités locales. Mais ce dispositif ne fait guère florès pour au moins deux raisons. D'abord, le salaire de l'administration d'accueil sera à coup sûr plus faible. Ensuite, selon que les postes sont marqués politiquement, le sacro-saint devoir de neutralité en prendra un coup. Le retour à l'Assemblée pourra se révéler délicat à gérer. C'est notamment le cas des hauts fonctionnaires de l'Assemblée recrutés en cabinet ministériel. Si la question de la rémunération ne pose pas de problème compte tenu des niveaux de salaires

1. Entretien avec l'auteur, le 27 juin 2012.

pratiqués, en revanche l'administrateur qui aura travaillé auprès d'un ministre reviendra au bercail marqué au fer rouge. Il récupérera un poste plus administratif que politique, quand il n'héritera pas d'un placard doré, le temps de se refaire une virginité.

Peu encline à laisser filer ses fonctionnaires, même si officiellement la mobilité est encouragée, l'Assemblée nationale se montre complètement hermétique aux agents publics venus d'autres administrations. Le règlement l'interdit purement et simplement, toujours au nom de la séparation des pouvoirs. Seule exception, le commandement militaire, sous lequel est placé le fameux détachement de la Garde républicaine qui encadre le président de l'Assemblée avant son entrée dans l'hémicycle les mardis et mercredis à l'occasion des questions d'actualité. Le Palais-Bourbon accueille aussi d'autres militaires, un détachement de la brigade de sapeurs-pompiers.

C'est donc dans cette sphère très fermée, très méfiante vis-à-vis de l'extérieur, qu'évolue le personnel statutaire. L'un des plus hauts fonctionnaires du Palais-Bourbon en convient : « *Il y a ici une forte tradition de discipline et de soumission* ». Les fonctionnaires subissent, résignés, des circuits de décisions sinueux et une hiérarchie pesante.

Malgré son goût pour l'indépendance, l'Assemblée nationale n'est pas allée jusqu'à rompre avec l'organisation de la fonction publique par corps. 80 % des 1 233 fonctionnaires recensés fin 2011 appartiennent à l'un des cinq corps généralistes (administrateurs, administrateurs adjoints, secrétaires des services, secrétaires administratifs et agents). Les 20 % restants se répartissent au sein de vingt et un corps spécialisés qui correspondent à différents métiers. Certains sont chargés logiquement de rédiger les comptes-rendus de séances, mais on trouve aussi des ingénieurs informaticiens, des mécaniciens, des serveurs, des cuisiniers, des serruriers, des tapissiers, des photographes ou encore des gardiens chargés de la sécurité, ces derniers recrutés dans le vivier des anciens militaires. Comme partout dans la fonction publique, on trouve aussi pas mal de contractuels, une centaine, affectés à des tâches très techniques.

Tout ce petit monde est soumis à un système complexe de grades et de classes qui déterminent les échelons et les indices permettant de calculer les salaires. Une complexité qui ne dépayserait pas un fonctionnaire de l'État. Il est pourtant une différence de taille qui fait toute la spécificité du personnel de l'Assemblée, c'est son devoir très strict de discrétion professionnelle et de neutralité politique. Pour Bernard Accoyer, « *les fonctionnaires doivent passer d'une majorité à l'autre avec la même compétence, loyauté et neutralité, il n'y a pas d'autre administration où cette exigence est aussi forte.* » Dans l'histoire du Palais-Bourbon, on ne connaît qu'un exemple de personnel limogé pour n'avoir pas respecté le principe de neutralité politique. Il faut remonter à 1815 et la révocation de trois huissiers et de trois commis (appelés aujourd'hui administrateurs), coupables d'avoir critiqué ouvertement le retour des Bourbon sur le trône en la personne de Louis XVIII. Malgré cette règle très stricte, les fonctionnaires ne sont pas de bois et les opinions des uns et des autres relèvent du secret de Polichinelle. Sous l'ère Debré (2002-2007), un agent connu comme militant RPR n'a pas hésité à rappeler au président de l'Assemblée son appartenance politique pour échapper à une mutation sanction. En vain. Il lui a fallu attendre le départ de Jean-Louis Debré pour obtenir gain de cause auprès d'un questeur plus conciliant.

Parmi les contraintes liées au statut : la disponibilité absolue. Les fonctionnaires sont entièrement dévoués à l'activité parlementaire. Aucune disposition statutaire ne fixe une durée hebdomadaire de travail, ni un droit annuel de congés. Les fonctionnaires sont censés être présents pour faire tourner les services de la maison lors des sessions extraordinaires et les séances de nuit. Le travail parlementaire étant sacré, rien, et surtout pas de vulgaires histoires de tableaux de services, ne doit l'entraver.

Heureusement, les fonctionnaires de l'Assemblée sont suffisamment nombreux pour accomplir leur tâche et ne pas paralyser la fabrication des lois. Alors qu'ils étaient 460 dans les années trente, sous la IIIe République, à une époque où le cœur de la vie politique battait au Parlement, on en recense plus de 600 dans les années 1960, sous la Ve République. Cinquante ans plus tard leur nombre a plus que doublé : les comptes officiels de l'Assemblée mentionnent, fin 2011, 1 233 fonctionnaires et 99 contractuels. Depuis 2008, en particulier depuis que Bernard Accoyer a demandé le gel de la dotation annuelle de l'Assemblée puis une baisse de 3 % pour 2012 (518 millions d'euros), la courbe des effectifs de fonctionnaires s'est infléchie de 3 %. Avec 19 postes en moins en 2011, pour 44 départs à la retraite, l'Assemblée s'approche presque de la règle en vigueur sous le quinquennat Sarkozy du non-remplacement d'un agent sur deux quittant la fonction publique.

En 2010, les effectifs avaient également reculé, avec 7 postes en moins (– 0,55 %), mais cette baisse avait été contrebalancée par la hausse de 7,2 % du nombre de contractuels. Les députés qui daignent s'intéresser à ces questions arides, comme le pugnace élu centriste de la Marne, Charles de Courson, déplorent toutefois l'absence de transparence sur les postes supprimés. Ces précisions, utiles pour juger de la politique des ressources humaines, n'apparaissent pas dans le rapport que les questeurs remettent chaque année à la commission spéciale, composée de députés. chargée de vérifier et d'apurer les comptes. « *On est donc contraints de croire ce qu'on nous dit, à savoir que l'on recrute plus d'administrateurs et moins d'agents*[1] », soupire Charles de Courson.

La structure des effectifs témoigne encore d'une large prédominance des fonctions subalternes puisque le corps des agents représente plus de 40 % des fonctionnaires (la moitié, si l'on compte les gardiens chargés de surveiller les locaux). Recrutés théoriquement au niveau brevet des collèges, en réalité au moins du baccalauréat, les agents sont un peu les « petites mains » de l'Assemblée : personnel d'accueil, standardistes, porteurs de plis, reprographistes, guides, huissiers. Les 53 chauffeurs appartiennent aussi à ce corps, même si leur recrutement fait l'objet d'un concours spécifique. Au sommet de la hiérarchie, les administrateurs recrutés au moins à bac + 5, à l'issue d'un concours quasiment équivalent à celui de l'ENA, pèsent pour 14 % des effectifs à peine. On touche pourtant au cœur du métier de l'Assemblée puisque ce sont eux qui assistent les députés et jouent un rôle essentiel dans l'élaboration des lois, avant de grimper et de diriger les services.

Si l'Assemblée nationale s'est pliée, bon gré mal gré, à la règle du non-remplacement d'un agent sur deux partant à la retraite, l'institution a surtout appliqué à la lettre un

1. Entretien avec l'auteur, le 21 février 2012.

objectif scandé durant cinq ans par le gouvernement Fillon : moins de fonctionnaires, mais (encore) mieux payés. En échange de gains de productivité, c'est-à-dire à condition de travailler plus et mieux, les fonctionnaires de l'État devaient gagner plus. Cette règle, inégalement appliquée dans les administrations de l'État, a ici été respectée avec zèle si l'on en croit les comptes 2011. Malgré une (légère) baisse des effectifs (– 1,5 %), les charges de personnel ont augmenté de plus de 3 millions d'euros (+1,84 %), dont 2,4 millions pour les seules rémunérations, en hausse de 2 %. Le budget initial tablait pourtant sur une quasi-stabilité de ce poste de dépenses. Optimistes, les députés ont inscrit pour l'exercice 2012 des charges de personnel en recul de 2,67 %. Rendez-vous est pris pour le printemps 2013, au moment de l'arrêt des comptes, pour voir s'ils sont parvenus à inverser la vapeur.

Car, selon une étude de la fondation iFRAP [1], think tank d'inspiration libérale, l'envolée des frais de rémunération des fonctionnaires de l'Assemblée est une tendance lourde : + 35,2 % de 1997 à 2010. Au total, les charges de personnel représentent 31 % du budget, contre 25 % pour le Bundestag allemand ou la Chambre des communes britannique. À titre de comparaison, selon le rapport

1. Institut français pour la recherche sur les administrations et les politiques publiques, *Société civile*, n° 125, juin 2012.

annuel officiel sur l'état de la fonction publique, les dépenses de personnel des administrations de l'État représentaient un quart de leur budget en 2010. Même taux pour les collectivités locales.

Le cas très particulier de l'Assemblée s'explique avant tout par le niveau élevé des rémunérations perçues par les fonctionnaires. C'est l'un des secrets les mieux gardés de la République. En 1986, Jean-Louis Debré est élu pour la première fois député de l'Eure. Le nouveau parlementaire qui était jusqu'alors magistrat découvre avec surprise qu'il « *gagnait bien moins comme magistrat antiterroriste que le chef des huissiers de l'Assemblée*[1] ». Jean-Louis Debré qui a grandi dans les palais de la République croyait pourtant bien connaître la maison.

Vingt-six ans plus tard, les salaires restent toujours hors normes. Ce n'est pas tant la rémunération de base qui en fait des emplois en or massif, ce sont les primes, en moyenne plus élevées que le traitement « principal » ! Selon les comptes 2011, l'Assemblée a versé 53,36 millions d'euros de rémunération de base et 63,91 millions d'indemnités dites « de travaux supplémentaires de législature » et « autres indemnités ». Ce qui représente un taux de primes de 120 %, contre 25,4 % en moyenne pour les fonctionnaires d'État.

1. Entretien avec l'auteur, le 22 juin 2012.

Au total, sur l'année 2011, en comptant les primes, le salaire brut versé en moyenne aux fonctionnaires de l'Assemblée, toutes catégories confondues, a atteint 94 344 euros, soit 7 862 euros brut par mois. En moyenne ! Pour les fonctionnaires d'État, en 2009, c'était 33 958 euros par an primes comprises, soit 2 830 euros brut par mois. Selon l'iFRAP, les rémunérations maison sont de 77 % plus élevées que celles d'un fonctionnaire allemand du Bundestag et une fois et demie celles d'un agent britannique de la Chambre des communes.

On comprend mieux la discrétion, pour ne pas dire l'opacité, entretenue par l'Assemblée nationale sur cette question. Le palmarès des plus gros salaires établis par l'audit de la Cour des comptes en 2008 a provoqué un vrai malaise au sein de l'institution où les écarts de rémunérations sont très importants. Entre fonctionnaires du Palais-Bourbon, bien sûr, mais aussi entre les fonctionnaires et les autres catégories de personnel de l'Assemblée, c'est-à-dire les collaborateurs de députés, au statut précaire, et les salariés des groupes politiques. Les députés eux-mêmes sont gênés lorsqu'ils évoquent les salaires des fonctionnaires. L'indemnité parlementaire atteint 7 100 euros brut par mois, moins que les 7 862 euros brut touchés en moyenne par les fonctionnaires. Les élus du peuple ont droit cependant à une confortable indemnité représentative de frais de mandat, soit 6 400 euros par mois, à l'accès gratuit sur l'ensemble du réseau SNCF en première classe et à quatre-vingts billets d'avions entre Paris et leur circonscription pour les élus de métropole. Même en cumulant ces avantages, on est encore loin des 17 750 euros brut par mois, en moyenne, perçus par les vingt-quatre plus hauts fonctionnaires de l'Assemblée !

Pour le sommet de la pyramide, c'est-à-dire les deux secrétaires généraux, on atteint même les 20 000 euros mensuels. Des sommes qui ont presque choqué les magistrats de la Cour des comptes pourtant pas les plus mal payés dans la sphère publique.

Si les plus hauts salaires peuvent paraître exorbitants, les rémunérations des cadres moyens de l'Assemblée ou des agents de base feraient rêver n'importe quel fonctionnaire d'un corps équivalent. Les huissiers, par exemple, qui malgré le prestige de la fonction font partie du simple corps des agents, finissent leur carrière à plus de 5 000 euros net. Les secrétaires de services perçoivent 2 800 euros net en début de carrière et peuvent approcher les 5 000 euros en fin de carrière. Mais on reste loin des administrateurs, censés recevoir en début de carrière, selon la brochure officielle des concours, 3 600 euros net par mois, qui atteignent assez vite les 6 000 euros mensuels. Et jusqu'à 10 000 euros avec une bonne ancienneté. Un cacique de l'administration de l'Assemblée résume la situation : « *Si la France payait son million d'enseignants comme nous, le pays serait en faillite* ». À l'Éducation nationale, un professeur certifié atteint péniblement les 3 000 euros net en fin de carrière.

Comment en est-on arrivé à de tels niveaux de salaires et surtout de primes ? « *Le fruit de l'histoire* », répondent en chœur, résignés, nombre de députés pourtant censés diriger leur maison. « *L'institution est ancienne et a accumulé les conservatismes,* souligne Bernard Accoyer. *Il y a eu une sédimentation de décisions au fil des années, une addition d'avantages.* » L'ex-président de l'Assemblée pointe du doigt l'instauration de la session unique en 1995, lorsque Philippe Séguin était au perchoir : « *Sans remettre à plat les conditions de rétribution, cela a conduit à un bond de 30 % de la masse salariale* ». La session unique visait à supprimer les séances de nuit, éprouvantes pour les députés et coûteuses en personnel. Peine perdue, la tradition des séances de nuit a perduré et les fonctionnaires qui avaient négocié avec Philippe Séguin une compensation pour éviter de perdre trop d'argent ont gagné sur les deux tableaux. Cela avec la complicité de certains vice-présidents qui laissent déborder les séances dans l'hémicycle au-delà de l'heure où tombent automatiquement les primes, c'est-à-dire une heure du matin.

Car la générosité de l'Assemblée envers ses fonctionnaires semble ne pas avoir de limites : tous les agents titulaires perçoivent les « *indemnités de travaux supplémentaires et de législatures*[1] », même ceux qui, dans leurs bureaux, ne sont pas directement concernés par le surcroît de travail. Y compris le personnel qui était affecté à Versailles, dans la partie du château que possédait le Parlement jusqu'en 2005, et dont les tâches – essentiellement de la surveillance et de l'entretien – n'avaient qu'un lointain rapport avec l'effervescence du Palais-Bourbon à vingt kilomètres de là !

Siégeant au perchoir de 2002 à 2007, Jean-Louis Debré n'y va pas par quatre chemins. Selon lui, « *les rémunérations des hauts fonctionnaires de l'Assemblée sont scandaleuses*[2] ». Pour celui qui se targue d'avoir mieux traité le petit personnel que les directeurs lorsqu'il était président, « *l'échelle des salaires en vigueur n'est pas acceptable. C'est la démonstration de l'incapacité de la questure à dire non à quoi que ce soit.* » Une manière sans doute d'acheter la paix sociale. D'ailleurs le calme règne à l'Assemblée contrairement au Sénat où, en 2009, les fonctionnaires ont manifesté pour s'opposer aux modestes réformes internes lancées par le président Gérard Larcher. « *Les syndicats maison n'ont pas besoin de demander, on devance leurs désirs* », persifle un député.

1. Heures comptabilisées comme hors temps de travail, notamment lors des sessions extraordinaires.
2. Entretien avec l'auteur, le 26 juin 2012.

Quand les revendications se faisaient vives, un ancien président de l'Assemblée avait, raconte-t-on, l'habitude d'interpeller le fonctionnaire énervé en le ramenant sur terre : « *Vous vous rendez compte de ce que vous coûtez au contribuable ? Si ça se savait dehors !* »

Si le salaire rend particulièrement attractive une carrière dans les services de l'Assemblée nationale, les fonctionnaires disposent d'autres avantages, qu'ils partagent d'ailleurs avec les députés. Comme l'a pointé la Cour des comptes dans son rapport secret[1], l'Assemblée nationale a longtemps joué les banquiers en accordant au personnel et aux députés jusqu'à 100 000 euros de prêts à taux bonifiés, essentiellement pour des investissements immobiliers. Cela représentait, fin 2011[2], 127,85 millions d'encours que l'Assemblée nationale mettra des années à ramener à zéro. En 2009, dernière année pleine du dispositif, pas moins de 233 prêts ont été accordés au personnel – contre une centaine en moyenne les années précédentes –, pour un montant d'environ 20 millions d'euros. Pour les députés, entre 36 et 94 prêts ont été octroyés de 1994 à 2009. Ils ont servi à acquérir des permanences politiques ou un pied-à-terre à Paris.

Autre privilège, l'avantageux régime de retraite dont jouissent les fonctionnaires. Si celui des députés a été

1. Voir chapitre I.
2. Rapport du collège des questeurs remis à la commission spéciale chargée d'apurer les comptes 2011 (mai 2012).

réformé dans l'urgence et sous la pression médiatique en 2010, celui du personnel est resté dans l'ombre. Les comptes 2011 laissent pourtant apparaître des pensions très confortables servies au gros millier de bénéficiaires, avec en moyenne 3 180 euros brut par mois, contre environ 2 800 euros pour les anciens députés. En comparaison, les fonctionnaires de l'État touchent une retraite moyenne de 1 997 euros, et les 10 % d'agents qui perçoivent les retraites les plus confortables reçoivent en moyenne 3 177 euros par mois [1]. C'est trois euros de moins que la moyenne des retraités de l'Assemblée, toutes catégories de fonctionnaires confondues !

Au regard des rémunérations versées aux agents en activité, il n'est pas illogique que le montant des retraites soit tout aussi généreux. Surtout que le calcul de pension se fait, comme dans l'ensemble de la fonction publique, sur la base du salaire des six derniers mois d'activité contre les vingt-cinq meilleures années pour les salariés du privé. Le seul problème est que ce régime très spécial en vigueur depuis 1811 coûte très cher. Avec autant de cotisants que de bénéficiaires de pension, le déséquilibre est flagrant. Pour 41 millions d'euros de pensions versés en 2011, les cotisations salariales atteignaient à peine 5,2 millions et les cotisations versées par l'employeur c'est-à-dire l'Assemblée plafon-

1. Rapport annuel de la fonction publique 2011-2012.

naient à 9,7 millions. Soit un trou de plus de 26 millions, comblé en dernier ressort par la maison, sous forme de subvention.

Il faut savoir que, pour équilibrer la caisse de retraite des députés, c'est encore pire puisque, en 2011, l'Assemblée nationale a dû mettre au pot près de 40 millions d'euros. Les cotisations versées par les députés représentaient à peine 7,7 millions, et les cotisations employeur – si l'on considère que l'Assemblée « emploie » les élus du peuple – 15,4 millions. La situation devrait s'améliorer avec la réforme entrée en vigueur en 2012. Jusqu'à présent les députés cotisaient double, ce qui leur permettait de toucher une retraite à taux plein de 6 000 euros au bout de vingt ans de mandat. Le système est aujourd'hui moins favorable même s'il reste privilégié. Les parlementaires cotisent obligatoirement 1,5 fois sur les deux premiers mandats et peuvent encore, s'ils le souhaitent, cotiser double durant dix ans. Avec cette réforme, le niveau des pensions des députés a été réduit de 8 % mais le régime donne encore droit à 1 400 euros de pension pour un seul mandat de cinq ans. Et puis, les députés ne sont toujours pas concernés par la décote, au contraire des fonctionnaires et des salariés du privé, pénalisés s'ils veulent prendre leur retraite avant d'avoir leurs annuités.

Un coup d'œil sur les comptes 2011 de l'Assemblée nationale permet de se rendre compte que les régimes de retraite des députés et des fonctionnaires constituent une mini-bombe à retardement. Les engagements de retraite, c'est-à-dire l'évaluation à long terme de la facture à régler, sont estimés à 2 milliards d'euros[1] ! 1,06 milliard pour les députés et 934 millions pour les fonctionnaires. L'Assemblée peut toujours se consoler en regardant les engagements financiers de l'État au titre des retraites de ses fonctionnaires : 1192 milliards d'euros, fin 2011[2].

Les plus anciens de la maison, fonctionnaires ou députés, jurent pourtant la main sur le cœur que l'Assemblée nationale a fait beaucoup de progrès ces dernières années afin que la gestion du personnel ne soit plus déconnectée du monde extérieur. Même le député René Dosière, grand pourfendeur des gaspillages de l'État, en convient : « *Cela va mieux depuis une vingtaine d'années, mais le poids de l'histoire est considérable à l'Assemblée nationale*[3]. » Et le député de l'Aisne de se souvenir de l'argent liquide qui circulait beaucoup autrefois. Jusqu'à la fin des années 1970, une bonne partie des primes des fonctionnaires était payée ainsi, ce qui était un bon moyen de ne pas les soumettre à l'impôt. Selon un haut fonctionnaire qui a connu cette époque, une partie du personnel s'empressait de dépenser cet argent sans

1. Rapport de la commission spéciale chargée de vérifier et d'apurer les comptes 2011.
2. Rapport sur les pensions de retraite de la fonction publique (annexe au projet de loi de finances 2013).
3. Entretien avec l'auteur, le 23 juillet 2012.

modération dans les bons restaurants et les bars du coin, à la grande joie des bistrotiers du 7e arrondissement.

Conscients du niveau indécent des salaires, surtout au moment où l'on demande au reste de la fonction publique et à la France entière de se serrer la ceinture, plusieurs responsables de l'Assemblée réfléchissent aux moyens de corriger la tendance. Il n'est pas envisageable, de leur point de vue, de réduire brutalement les rémunérations, sauf à mettre le feu à la maison. Mais, « *si on ne peut pas intervenir sur le stock, on peut toucher au flux*[1] », avance comme une piste le questeur UMP Philippe Briand. En clair, pourquoi ne pas soumettre à un régime moins favorable les nouveaux fonctionnaires recrutés ? Une autre solution est évoquée par le président Claude Bartolone. La suppression du cumul des mandats et l'instauration du mandat parlementaire unique permettront, selon lui, de faire siéger les députés du lundi au vendredi et plus seulement, comme c'est le cas aujourd'hui, surtout les mardis et mercredis. Avec pour conséquence espérée, la fin des séances de nuit et ainsi des primes versées aux fonctionnaires. À moins que, comme sous l'ère Séguin, les questeurs négocient des compensations.

Faute de pouvoir peser sur le niveau des salaires, certains envisagent aussi l'externalisation de certains services. La

1. Entretien avec l'auteur, le 24 juillet 2012.

restauration, aujourd'hui assurée par des fonctionnaires, pourrait passer sous la coupe du secteur privé. « *C'est le cas au Sénat, et on ne mange pas plus mal qu'ici* [1] », reconnaît du bout des lèvres Claude Bartolone. Belle litote quand on sait que, au palais du Luxembourg, le niveau gastronomique est inversement proportionnel au coût du repas payé par le sénateur.

1. Entretien avec l'auteur, le 23 juillet 2012.

III

UN SYSTÈME DE CASTES

Pour un fonctionnaire de l'Assemblée nationale, devenir huissier, c'est un peu comme être anobli. Le simple agent qui se hisse à cette fonction côtoie enfin l'histoire avec un grand H, celle des grandes heures du Parlement, des tribuns disparus, des lois qui font date, des hommages solennels. Queue-de-pie, nœud papillon, chaîne, épée et bicorne pour les grandes occasions, l'huissier se confond dans le décor théâtral de l'hémicycle. Il incarne la tradition jusqu'à la caricature : il y a quelques années, le chef des huissiers portait de belles bacchantes très IIIe République que l'on aurait dit sorties d'un numéro de *L'Illustration*.

En grand apparat, ces fonctionnaires particuliers impressionnent même les plus blasés des députés. Quand ils étaient simples agents, les parlementaires les croisaient parfois sans un regard. Ces mêmes élus leur serrent la main quand ils deviennent huissiers. Premiers membres recrutés du personnel de l'Assemblée nationale – c'était le 7 juillet

1789 à Versailles –, ils incarnent la continuité de l'institution et la solennité qui sied si bien au Palais-Bourbon, maison du législateur.

Leur entrée des artistes est pourtant miteuse. De la Cour d'honneur, on accède à des bureaux vestiaires par un couloir de cave. Murs bruts, plafonds bas traversés de tuyaux, les fonctionnaires vedettes de l'Assemblée disposent d'une loge bien modeste mais idéalement située : il leur suffit de gravir quelques marches d'un escalier étroit pour accéder au saint des saints, l'hémicycle.

La salle de séances, comme on l'appelle aussi, est le « terrain de jeu » de ces 24 huissiers. Comme pour une représentation de théâtre, chaque rôle est bien défini et distribué en fonction de l'ancienneté. On ne devient pas huissier par hasard. Recrutés dans le corps des agents, c'est-à-dire aujourd'hui à l'issue d'un concours de niveau brevet des collèges, ces fonctionnaires triés sur le volet ont au moins dix ans de maison. Le plus jeune a trente-huit ans et le plus âgé dépasse les soixante ans. On ne compte que deux femmes, ce qui constitue un progrès puisque la corporation a longtemps été exclusivement masculine.

Parcours exemplaire, présentation irréprochable, expression correcte et bonne condition physique sont les conditions minimales pour devenir huissier. L'« aboyeur » qui annonce dans l'hémicycle l'entrée du président de l'Assemblée doit être doté en outre d'une voix qui porte. Issus de différents services, ils forment une équipe soudée au service du président de la séance et des députés qu'ils ont à l'œil. Plus encore que dans d'autres services, l'organisation est très hiérarchisée.

Tout au long de sa carrière, un huissier de séance va évoluer géographiquement sur quelques mètres carrés de moquette. Le petit nouveau débute par « le verre d'eau ». Sa tâche exclusive : faire des allers et retours, un verre à la main, entre la mini-cuisine équipée d'un évier et d'un réfrigérateur, située à l'entrée de l'hémicycle à droite du président, et la tribune de l'orateur. Il apprend ainsi à devenir invisible, à se fondre dans le décor. Une qualité essentielle pour un huissier. Quelques années plus tard, il prendra du galon, sera affecté aux portes où il filtrera les entrées. Là, il fera ses gammes de physionomiste. Plus tard, il pourra surveiller les travées où siègent ministres et députés. Il devra encore attendre un peu avant d'être affecté, s'il en est digne, d'un côté ou de l'autre des marches menant au perchoir du président. Un boulot physique, décroché en fin de carrière : des heures à monter et descendre des escaliers.

Si le rôle de chaque huissier est clairement attribué, la pièce ne se déroule pas toujours comme prévu. Les huissiers, sorte de garde prétorienne du président durant les séances, doivent surveiller les bancs des députés, celui des ministres, le public au balcon, l'accès à l'hémicycle et les quelques marches qui montent au « plateau », où se trouvent le fameux perchoir du président et les strapontins des hauts fonctionnaires qui l'assistent. Seuls habilités à circuler dans les travées, les huissiers font office de messagers : ils distribuent les amendements et font passer des petits mots entre élus, et entre députés et ministres. Aucun membre du gouvernement, installé tout en bas de l'hémicycle, ni même le Premier ministre n'a le droit de monter voir un député. Durant les séances, à l'heure des sms et de Twitter, la communication officieuse se fait toujours par bouts de papier griffonnés, transmis par des hommes en queue-de-pie transformés en pigeons voyageurs !

Durant la session ordinaire qui dure d'octobre à juin, les jours les plus sensibles pour les huissiers sont les mardis et mercredis, surtout lors des questions au gouvernement. De quinze heures à seize heures précises, l'hémicycle est plein comme un œuf en raison de la retransmission télévisée de ces débats souvent animés. Plein de députés, de ministres, de journalistes et de public. Ce dernier est admis selon des règles strictes – tenue correcte, pas de manches courtes, silence obligatoire – à assister aux « questions ». Comme rien ne doit échapper aux huissiers, l'hémicycle est découpé en huit travées attribuées à autant d'agents. Les travées centrales, n° 4 et 5, sont les plus délicates, car on y trouve, tout en bas, le Premier ministre, les ministres et, juste au-dessus, des conseillers ministériels ou des hauts fonctionnaires.

Durant la séance, les relations entre les députés et les huissiers sont compliquées. Ces derniers sont au service des élus : ils distribuent leurs messages, s'assurent que leur casier contient bien la papeterie nécessaire. Dans le même temps, ils veillent au respect du règlement. Les plus anciens se souviennent de cette époque où les huissiers faisaient respecter l'interdiction faite aux femmes députées de porter un pantalon dans l'hémicycle. Aujourd'hui encore, aucun député ne peut se présenter dans la salle des séances sans cravate ou en jean. Les bises entre collègues sont tolérées, à condition d'être discrètes. Ancien conseiller de Gaston Defferre, Éric Giuily raconte que, en plein examen du texte sur la décentralisation en 1982, alors qu'il était assis sur le banc des commissaires du gouvernement, un huissier lui avait conseillé de « *sourire moins intensément*[1] » pour respecter le règlement intérieur de la Chambre.

Cela peut paraître évident quand on travaille dans un tel lieu, mais les huissiers doivent aussi se tenir au courant de l'actualité politique. Une période de tension entre la majorité et l'opposition aura forcément sa traduction dans

1. Éric Giuily, *Il y a 30 ans, l'Acte I de la décentralisation*, Berger Levrault, février 2012.

l'hémicycle, en particulier lors des questions au gouvernement. Connaissant la plupart des députés, les huissiers gardent un œil dès le début de la séance sur les chahuteurs, les parlementaires qui aiment faire le spectacle. Tant qu'ils se limitent à des vociférations, le président gère depuis le perchoir. Mais chaque mouvement doit être guetté, anticipé. Il faut écouter et observer. Les huissiers les plus expérimentés savent, à l'oreille, si une séance va ou non déraper.

Alors que, devant leur écran, les téléspectateurs ne perçoivent qu'un bruit de fond, en réalité un invraisemblable brouhaha règne dans l'hémicycle lors des questions d'actualité. Il faut donc savoir mesurer ce qui relève du « bruit normal » ou du « bruit anormal » qui exigera une vigilance accrue. Les huissiers sont alors en alerte. Mis en garde par leur chef qui en a vu d'autres, ils savent que, dans ce climat électrique, le moindre propos peut mettre le feu aux poudres. L'incident se produit lorsque des députés de l'opposition se lèvent et descendent dans les travées pour « s'expliquer » avec un ministre. Le 8 novembre 2011, répondant à une question sur le plan de rigueur, le ministre de l'Économie, François Baroin, s'en prend aux « *vieilles lunes socialistes qui [les] ont conduits au pouvoir par effraction en 1997* ». Par effraction ! Fureur des élus socialistes, suspension de séance, les huissiers font barrage pour empêcher tout contact avec le ministre. Exercice à haut risque puisqu'ils n'ont pas le droit d'empoigner un député. Parfois, ce sont les députés de la majorité qui ciblent un orateur de l'opposition, jugé provocateur. Le 7 février 2012, le député apparenté socialiste Serge Letchimy accuse le ministre de l'Intérieur, Claude Guéant, de « *ramener jour après jour à ces idéologies européennes qui ont donné naissance aux camps de concentration* ». Bronca sur les rangs de la droite. Élus, membres du gouvernement et Premier ministre quittent la séance. Les huissiers forment aussitôt une chaîne jusqu'à mi-travée pour empêcher les députés de l'UMP de se rapprocher de leurs collègues socialistes. Autre type d'incident, le 3 décembre 2009, des militants de Greenpeace déploient des banderoles du haut du balcon réservé au public. L'un des militants parvient même à descendre en rappel jusque sur les bancs des députés, provoquant une interruption de séance et un vent de panique chez les huissiers un brin dépassés par la tournure des événements.

Dans leurs missions, les huissiers doivent aussi être attentifs à l'état de santé des députés. Tout le monde garde en mémoire le malaise cardiaque le 23 mars 1999, en séance, du député-maire de La Rochelle, Michel Crépeau, qui décédera une semaine plus tard à l'hôpital. Plus récemment et moins grave, le 23 novembre 2009, Aurélie Filippetti est victime d'une malaise vagal. C'est un huissier balayant du regard « sa » travée qui constate le premier que quelque chose ne va pas. Effondrée sur son siège, la jeune élue est alors évacuée sur une civière.

Chargés en quelque sorte d'assurer la sécurité des séances, les huissiers jouent aussi le rôle de secouristes. Et pour cause : au nom de la séparation des pouvoirs, les sapeurs-pompiers, dont un détachement d'une vingtaine d'hommes est présent en permanence à l'Assemblée, sont en principe interdits d'hémicycle. Les huissiers reçoivent donc une solide formation afin d'être capables d'assurer les premiers gestes qui sauvent. Toute personne victime d'un malaise ou d'une mauvaise chute dans la salle des séances doit être évacuée par les huissiers avant d'être prise en charge, le cas échéant, à l'extérieur, par les pompiers.

Respect, tact et fermeté : chaque huissier doit apprendre à apprivoiser les députés. Leur attitude comme leurs propos visent à faire comprendre au parlementaire qu'il est certes dans « sa » maison mais que tout ne lui y est pas permis. En permanence sur la ligne de crête, les agents évitent de tutoyer des députés qui ont, par habitude, le tutoiement facile. Aucune familiarité n'est permise dans l'hémicycle, même si des huissiers entretiennent des relations amicales avec certains élus, notamment ceux qui sont originaires de leur région.

Les députés nouvellement élus à l'Assemblée nationale se souviennent que le premier contact avec l'institution se fait par l'entremise des huissiers. Au lendemain des élections législatives de juin 2012, les petits nouveaux ont été accueillis sous une grande tente blanche installée dans la cour d'honneur du Palais-Bourbon. « *Bienvenue chez vous* » leur lancent les nombreux agents mobilisés, tous des fonctionnaires expérimentés mais qui n'appartiennent pas forcément à la caste des huissiers de séances. Guidé dans ses premiers pas, le « primo député » peut même demander à ces fonctionnaires aux petits soins une visite guidée des lieux. Conduit à l'hémicycle où il sera photographié dans les travées, l'élu, encore exalté par sa victoire trois jours plus tôt, en « prend plein la vue ». Les huissiers n'hésitent pas à forcer le côté solennel de ce premier contact qui vise aussi à donner une bonne image des fonctionnaires maison, gardiens de la tradition et des usages. Pour faire passer des formalités administratives peu glamour, le nouveau député reçoit des mains de l'agent qui le cornaque un joli cadeau : la fameuse « mallette », en fait un bagage cabine, qui contient notamment l'écharpe et la cocarde tricolores, ainsi que le « baromètre », insigne officiel à accrocher à la boutonnière. Chaque nouvelle législature est une épreuve pour les huissiers. Dès le lendemain des élections, ils doivent bachoter le trombinoscope des nouveaux parlementaires afin de retenir leur physionomie. Ils étaient 234 en juin 2012, soit 40 % de l'effectif.

Comme le résume un huissier, il s'agit d'être, « *en toutes circonstances, présents mais transparents* ». C'est l'un des rares points communs avec l'autre caste de la maison, celle des administrateurs. Point d'uniforme pour eux, si ce n'est l'incontournable costume ou tailleur passe-muraille des hauts fonctionnaires. Les administrateurs forment le corps le plus prestigieux du personnel de l'Assemblée nationale. On les retrouve à tous les postes d'encadrement supérieur ou de direction mais surtout ils sont l'un des rouages essentiels du processus d'élaboration des lois. Affectés notamment aux commissions permanentes, ces fonctionnaires « *tiennent la plume des députés même si ce sont les élus qui donnent les idées* », précise un haut cadre de la maison. Le grand public ne le sait pas mais les rapports parlementaires signés d'un ou plusieurs députés sont en réalité écrits par un ou des administrateurs. Ces derniers restent dans l'ombre. Ils ne revendiquent même pas un peu de lumière, ni même que leur nom soit écrit en tout petit quelque part dans le rapport, puisque leur statut l'interdit.

Officiellement, l'administrateur assiste le député et apporte l'indispensable touche technique et juridique. Il joue aussi le rôle de souffleur durant les débats en séance puisqu'il épaule jusque dans l'hémicycle l'élu rapporteur.

Son rôle est précieux, et les députés ne tarissent pas d'éloges sur ces fonctionnaires qui leur donnent l'occasion de briller sur des sujets qu'ils ne maîtrisent pas toujours.

Soumis à un devoir de réserve et de discrétion, l'administrateur peut travailler pour n'importe lequel des 577 députés, de droite comme de gauche. Leur affectation à telle ou telle commission n'est pas du ressort des parlementaires, ni même du président de la commission, mais du secrétaire général de l'Assemblée nationale et de la présidence. Bien sûr, il arrive qu'un élu se plaigne du travail ou du comportement d'un administrateur avec qui il a du mal à travailler mais c'est rare. Dans ce cas, l'administrateur est discrètement déplacé. Surtout pas de vagues, mais l'élu râleur sera vite catalogué. Ces fonctionnaires qui ont appris en entrant à l'Assemblée à être transparents doivent avoir la capacité de se mettre dans la tête du député, de rédiger comme si c'était l'élu du peuple qui écrivait. Ce qui implique un bon sens de la psychologie et une connaissance approfondie des députés, de leurs convictions, de leurs propositions.

Il faut donc être bien préparé pour exercer ces fonctions et ce n'est pas toujours le cas. Le concours d'administrateur attire nombre de diplômés en droit ou de Sciences Po qui rêvaient d'intégrer l'École nationale d'administration. Ayant échoué aux difficiles oraux d'admission, en particulier à l'entretien de motivation avec le jury, ils considèrent la réussite au concours d'administrateur de l'Assemblée nationale ou du Sénat comme un lot de consolation. La rareté des postes ouverts à concours à l'Assemblée – à peine dix ou douze tous les deux ans – complique toutefois la tâche des candidats qui devront être d'un excellent niveau.

Une fois à l'Assemblée, les apprentis administrateurs découvriront les charmes de la maison. Recrutés en qualité de stagiaires, ils seront titularisés un an plus tard sans grandes perspectives de mobilité externe. Malgré les efforts engagés par la secrétaire générale de l'Assemblée nationale en poste depuis 2010, Corinne Luquiens, pour ouvrir un peu les portes et les fenêtres, les évolutions de carrière restent sans surprise. Les coups de cafard, accentués par un rythme de travail en yo-yo, sont fréquents, surtout chez ceux qui ne supportent pas l'effacement. La politique de formation n'étant pas le point fort de la maison, les administrateurs apprennent le métier surtout au contact de leurs chefs, sur le tas, exactement comme les députés qu'ils servent. Sur les 577 députés élus en juin 2012, on ne recense qu'un seul administrateur de l'Assemblée, Hervé Morin, ancien ministre de la Défense. Ils étaient deux, avec Daniel Garrigue, sous la précédente législature.

Si la carrière de député suscite peu de vocations chez les fonctionnaires, d'autres catégories de personnel se laissent volontiers tenter. Pas moins d'une quinzaine d'élus connaissent bien l'Assemblée nationale pour y avoir travaillé comme collaborateurs parlementaires. François Fillon, Marylise Lebranchu ou Manuel Valls ont ainsi fait leurs classes en politique. Barbara Pompili, députée Europe écologie-Les Verts de la Somme depuis juin 2012, est passée, comme elle le dit, « *de l'autre côté du miroir*[1] ». Assistante de député puis collaboratrice de groupe politique, elle a connu les petites vexations subies par ceux qui ne sont ni parlementaires ni fonctionnaires. Car, à l'Assemblée nationale, chaque univers est cloisonné. « *C'est chacun sa famille, on ne se mélange pas* », confie la jeune élue. Créée officiellement en 1975 par le président de l'Assemblée nationale de l'époque, Edgar Faure, la fonction de collaborateur de député existait officieusement auparavant puisque l'élu disposait d'une aide de secrétariat. Mais l'assistant parlementaire naît vraiment avec l'instauration du « crédit collaborateur », 9 138 euros par mois, mis à disposition du député pour payer un ou plusieurs salariés, à temps plein, dans 60 % des cas, ou à temps partiel, qui travailleront à l'Assemblée nationale ou en circonscription.

L'arrivée de ce corps étranger au Palais-Bourbon, où n'évoluaient que les députés et les fonctionnaires maison, n'est pas passée comme une lettre à poste. À l'époque, les administrateurs ont discrètement protesté. Depuis, les

1. Entretien avec l'auteur, le 19 juillet 2012.

assistants parlementaires se sont imposés, non sans mal, compte tenu de leur statut précaire. Régulièrement, les syndicats qui portent leurs revendications se rappellent au bon souvenir des députés en menaçant de faire grève ou en alertant la presse. Car le député est aussi un employeur et pas toujours le meilleur. Même si c'est difficile à croire, le législateur n'est parfois pas au courant des règles élémentaires du droit du travail qu'il a votées ! La très grande majorité des élus laissent d'ailleurs le service des Affaires financières de l'Assemblée gérer les formalités comme le calcul de la paye, une intervention qui tient de l'assistance technique. La nature du poste, les horaires sont déterminés par le député qui exige une grande disponibilité et un dévouement sans limite. « *Assistant parlementaire, c'est la précarité absolue,* souligne Barbara Pompili. *La personne recrutée est à la merci du député. Des copains et des copines ont été virés pour rien. Et si le député a décidé de lui faire faire du café et du simple secrétariat, il a le droit.* » La majorité des collaborateurs sont pourtant recrutés à un niveau Sciences Po.

Pour ces fonctions éminemment politiques, la relation de confiance est telle que la moindre divergence entre l'élu et son collaborateur peut entraîner son licenciement. Il n'est pas rare que des ruptures abusives conduisent aux prud'hommes et à des condamnations. Face à ces dérives, le service des Affaires financières de l'Assemblée prodigue, en prenant des pincettes, quelques conseils aux députés. Ces derniers signent un document dans lequel on leur rappelle, grosso modo, que tout n'est pas permis et que, par exemple, leur collaborateur, comme n'importe quel salarié, doit passer une visite médicale à l'embauche.

Pendant très longtemps, l'administration de l'Assemblée a considéré que ce qui relevait du droit de ces salariés à part était secondaire par rapport au droit des députés. La médiatisation de certaines condamnations et la mobilisation des syndicats ont cependant permis quelques progrès. Les questeurs qui ont souvent fermé les yeux – et pour cause, ils sont eux-mêmes députés employeurs ! – commencent à se réveiller. Député socialiste du Nord, Bernard Roman s'est penché sur le sort des assistants parlementaires dès son élection au poste de premier questeur en juin 2012. « *On doit les traiter aussi bien qu'on souhaite que les salariés soient traités quand on défend le Code du travail dans l'hémicycle. Ce n'est pas le cas aujourd'hui*[1] », estime-t-il. Ces évolutions sont très attendues par les quelque deux mille collaborateurs dont les deux tiers travaillent en circonscription.

Pas de grille salariale, pas de bilan social annuel, c'est dans l'ombre et en rasant les murs qu'évoluent ces petites mains, pourtant ô combien précieuses, des députés. De l'aveu d'un assistant, « *il y a une forme de masochisme à*

1. Entretien avec l'auteur, le 18 septembre 2012.

accepter d'être au service d'un député ». Ce n'est pas un hasard si une majorité d'entre eux a moins de quarante ans. Diplômés de l'enseignement supérieur dans la plupart des cas, tous passionnés de politique, les collaborateurs parlementaires ont un côté militant qui autorise tous les abus de la part de l'élu. Horaires élastiques, vie de famille en pointillés, c'est le prix à payer durant quelques années pour espérer faire carrière en politique ou obtenir, grâce au carnet d'adresses et au réseau constitué, un bon job plus tard. C'est le calcul que font les jeunes hauts fonctionnaires des cabinets ministériels. Sauf que, dans le cas des collaborateurs de député, cet investissement est peu rentable à court terme. Alors que les conseillers des ministres bénéficient de salaires conséquents, parfois supérieurs à 10 000 euros par mois, les assistants parlementaires touchent de 2000 à 3 000 euros, et 4 000 euros dans le meilleur des cas. Pour Bernard Roman, « *on ne peut plus accepter de payer des "bac +6" au smic* ». Il faut dire que le « crédit collaborateur » de 9 138 euros accordé aux députés ne permet pas de folies comme de rémunérer des profils haut de gamme très expérimentés. « *On est loin des 21 000 euros par mois accordés à un député européen pour payer des collaborateurs*, s'insurge l'ancien ministre Bruno Le Maire redevenu député. *Avec 9 138 euros, on peut juste payer quelqu'un en circonscription et un et demi à Paris. J'ai une expérience de cabinet ministériel au plus haut niveau, j'ai été directeur de cabinet du Premier ministre, j'ai été député, quatre années ministre, je peux vous dire que le rapport de force entre le législateur et l'exécutif est très défavorable*[1]. »

Si cette enveloppe peut être considérée comme peu généreuse, le député n'est quand même pas un employeur comme les autres puisque les charges patronales sont considérées comme hors crédit, c'est-à-dire payées par l'Assemblée. De même, le contrat du collaborateur étant lié au mandat du député, l'élu battu ou qui ne se représente pas n'aura pas à payer de sa poche les indemnités de licenciement de ses ex-salariés. Tous les cinq ans, surtout en cas d'alternance, c'est la purge au Palais-Bourbon. Les législatives de 2012 ont entraîné plus de 900 départs de collaborateurs, selon les syndicats qui ont dénoncé ce vaste plan de licenciement sans tambour ni trompette. Même si certains députés se plaignent du faible montant du crédit collaborateurs, d'autres s'arrangent pour ne pas tout dépenser. Pas dans un souci d'économies mais parce qu'une partie de ces crédits – jusqu'à 6 000 euros par an – bascule sur leur Indemnité représentative de frais de mandat (IRFM). Une manière pour le député d'empocher des sommes initialement prévues pour payer des assistants. Cette pratique sera interdite à compter de 2013. Sous

1. Entretien avec l'auteur, le 21 août 2012.

l'impulsion de Claude Bartolone et des questeurs, l'IRFM a même été réduite de 10 % pour financer l'amélioration du sort des collaborateurs parlementaires. Un juste retour des choses.

Embauché pour assister le député en circonscription et à Paris, le collaborateur ne sait jamais vraiment à quoi il va être employé. Les tâches dépendent de l'élu et, bien sûr, du niveau de l'assistant. « *Le collaborateur joue le rôle que chaque député lui fixe à l'intérieur de l'équipe qu'il a recrutée. Cette situation interdit d'aller au-delà d'observations générales quant aux attributions des collaborateurs* », peut-on lire sur une fiche d'information du site Internet de l'Assemblée nationale. Une manière de dire que tout est à peu près possible. Si le courrier et l'agenda de l'élu pèsent lourd dans l'emploi du temps de l'assistant, certains font aussi office d'attachés de presse, rédigent les discours, des notes, ou travaillent sur des propositions de loi ou d'amendements.

Dans tous les cas, personne n'est habilité à vérifier si le collaborateur est bien affecté à des tâches ayant un rapport avec l'activité parlementaire, sachant que les assistants, parfois à Paris, parfois en circonscription, sont difficiles à suivre. Cette opacité, ou confidentialité, selon le point de vue, permet de dissimuler des emplois dits familiaux, c'est-à-dire l'embauche par le député de son fils, de sa femme ou, plus difficile à pister, de sa maîtresse ou de son amant. Des règles sont toutefois en vigueur pour éviter tout dérapage ou tentation. Le salaire versé à un membre de la famille ne peut dépasser la moitié de l'enveloppe, soit un peu plus de 4 500 euros. Les élus sont donc tenus de déclarer s'ils rémunèrent un membre de leur famille. Selon le député René Dosière[1], la pratique n'est pas si répandue puisque, selon lui, sur la foi d'un pointage effectué avant le renouvellement de 2012, on dénombrait 79 contrats familiaux, soit 3,6 % du total. À l'automne 2012, on en recensait environ 70 sur 2 000 contrats. Officiellement donc, cette pratique n'est pas massive mais, dans les faits, comme il s'agit d'une simple déclaration sur l'honneur, rien n'interdit à un député de dissimuler l'embauche de sa nièce ou son cousin. Et puis, 70 contrats familiaux ramenés à 577 députés, cela signifie qu'un député sur huit embauche un membre de sa famille.

Même imparfaite, cette règle permet d'éviter les gros abus. Auparavant, il n'était pas rare qu'un député-maire, par exemple, verse la totalité de son crédit collaborateur à sa femme, embauchée comme assistante parlementaire, ce qui augmentait sensiblement les revenus du ménage. Ni vu ni connu (ou presque), l'élu indélicat confiait alors les tâches normalement effectuées par un ou plusieurs collaborateurs parlementaires aux membres de son cabinet à la

1. Entretien avec l'auteur, le 23 juillet 2012.

mairie ! La question des contrats familiaux agace au plus haut point les députés qui se braquent à l'évocation de cette pratique. Au nom de quoi, interdirait-on à un fils ou une fille de parlementaire, diplômé de Sciences Po ou sorti d'une fac de droit, de travailler aux côtés de son père ou de sa mère ? Quant au député qui se marierait avec son assistante parlementaire, devrait-il la licencier ? « *Je n'ai pas recruté ma femme, j'ai épousé ma collaboratrice* », s'est défendu Claude Bartolone lorsque des élus de droite ont dénoncé l'embauche de son épouse comme chargée de mission à l'hôtel de Lassay au sein de son cabinet. N'a-t-on pas coutume de dire que l'Assemblée nationale est une grande famille ?

Politisés, précaires, pas toujours bien payés, recrutés sans concours, les assistants parlementaires n'ont pas grand-chose en commun avec les fonctionnaires de l'Assemblée qui les regardent souvent de haut. Même si les barrières ont tendance à s'estomper au fil du temps, « *la conviction est forte chez les collaborateurs d'être maltraités* », reconnaît une hiérarque du Palais-Bourbon. Considérés comme des pièces rapportées, les assistants sont « suspects » par définition. La proximité, voire la familiarité, avec les députés hérisse certains administrateurs qui ont une obligation de neutralité. Quand un collaborateur, souvent de la majorité, est appelé à travailler avec un administrateur, il doit respecter les convenances. À l'Assemblée nationale, on ne mélange pas les torchons et les serviettes !

Petites et grandes vexations sont le lot quotidien des assistants dont les agents vérifient le badge au moindre déplacement. Sur ce point, l'année 2003 est considérée comme celle de toutes les humiliations avec l'instauration au sein du Palais-Bourbon d'un « périmètre sacré » auquel les assistants n'ont plus accès. C'est le début d'un tour de vis sécuritaire, dont les journalistes ont aussi fait les frais, initié par le président de l'Assemblée nationale, Jean-Louis Debré, furieux de l'intrusion dans l'hémicycle d'un quidam qui avait réussi à remettre une coupe au Premier ministre Jean-Pierre Raffarin. Un beau prétexte en vérité. « *Je ne voulais plus voir toutes ces minettes qui se font mousser autour des députés et des ministres. Tout le monde a trouvé cela normal d'instaurer ce périmètre,* se souvient l'actuel président du Conseil constitutionnel, *ce sont toujours les mêmes qui ont gueulé*[1]. » C'est-à-dire, les premiers visés. Par la voix de leurs syndicats, les collaborateurs ont menacé de se mettre en grève. Remonté comme un coucou, Jean-François Cassant, secrétaire général de l'Union syndicale des collaborateurs parlementaires (USCP), dénonçait, en référence au passé ministériel de Jean-Louis Debré, une « *opération de basse police sur les collaborateurs-terroristes devenus les nouveaux lépreux de la République* ». Le renforcement de la sécurité avait aussi un but non avoué à

1. Entretien avec l'auteur, le 22 juin 2012.

l'époque : éloigner des élus et ministres les collaborateurs de députés qui exerçaient parallèlement une activité de lobbying. Il arrive encore que des élus rémunèrent à temps très partiel ou emploient gratuitement des assistants qui doivent chercher un complément de salaire ailleurs. Ils constituent un parfait gibier pour les groupes de pressions, associations professionnelles ou entreprises qui peuvent ainsi approcher les législateurs. La création en 2009 d'un registre des lobbyistes et une distribution plus contrôlée des badges de circulation ont permis de mettre un frein à ces pratiques[1]. Il va sans dire que les administrateurs, comme les députés, sont partout chez eux à l'Assemblée nationale et qu'aucune porte ne leur est fermée. « *Le fait est que les assistants, eux, n'ont toujours pas le droit de se déplacer librement sur leur lieu de travail* », souligne la députée, ex-collaboratrice, Barbara Pompili. Le « périmètre sacré » comprend l'hémicycle, mais aussi les abords immédiats, les salons Delacroix et Pujol où ont lieu les tractations en marge des séances et le salon Casimir Perier. Jusqu'à récemment[2], les collaborateurs des députés ne pouvaient pas y pénétrer au moment des séances. Interdit aussi de circuler dans la salle des Quatre Colonnes, lieu de rencontre des

1. Voir chapitre VIII.
2. Le bureau de l'Assemblée a assoupli ces restrictions le 14 novembre 2012. Désormais, les collaborateurs ont la possibilité d'accéder, lorsque l'Assemblée siège, y compris pendant les séances de questions au gouvernement, à la salle des Quatre Colonnes, à la salle des Pas-perdus et aux salons attenants à l'hémicycle.

députés et des journalistes, au moment des questions au gouvernement, donc les jours de grande affluence. Impossible, donc, pour ce personnel très politique d'approcher les médias pour distribuer un communiqué de leur patron, faire passer un message ou tout simplement échanger un numéro de téléphone. Les collaborateurs se sentaient traités comme des parias.

Entre eux, les collaborateurs d'élus se racontent à l'envi leurs mésaventures à la buvette des parlementaires où, même invités par leur député, ils ne se sont pas les bienvenus. Les serveurs tarderaient à les servir. Paranoïa ? En tout cas, les assistants se sentent déconsidérés, parfois rudoyés par leur patron-député, fliqués au Palais-Bourbon et méprisés par les fonctionnaires de l'Assemblée. Pour l'anecdote, le règlement leur interdit d'emprunter des livres à la bibliothèque, alors que même les sénateurs et les collaborateurs salariés des groupes politiques ont ce droit. Si un ouvrage intéresse un assistant parlementaire, il faut que le député lui signe procuration pour emprunter en son nom !

Globalement, le sort des salariés des groupes politiques, une centaine de personnes au total, est un peu plus enviable que celui des assistants de députés. Certains d'entre eux qui sont passés par le bureau d'un parlementaire constatent la différence. Certes, ils sont à peine mieux considérés par les fonctionnaires maison, mais leur statut est moins précaire.

Recrutés par les groupes politiques, ils ne dépendent pas d'une seule personne. Mais, là encore, chaque groupe gère comme il l'entend l'enveloppe que l'Assemblée lui verse pour les frais de secrétariat. Le niveau des salaires et les conditions de travail échappent à l'administration. Les conseillers des groupes, dont la plupart sont diplômés de l'enseignement supérieur, sont souvent affectés au suivi des textes, un ou plusieurs par commission permanente. Ce travail technique exige une parfaite maîtrise de la procédure parlementaire. Eux aussi sont pourtant contraints dans leurs déplacements. Depuis récemment, un seul conseiller de groupe peut assister aux réunions des commissions où siègent les députés. Pour les séances dans l'hémicycle, l'accès est strictement réglementé. Les groupes se voient attribuer un nombre très limité de macarons. Les semaines où l'agenda législatif est chargé, l'opération vire au casse-tête pour les secrétaires généraux des groupes qui doivent distribuer les autorisations délivrées au compte-goutte.

IV

LA FIÈVRE IMMOBILIÈRE

Les députés savent recevoir dans leur maison. Sous la législature achevée en juin 2012, deux fois plus de visiteurs se sont pressés sous les ors et marbres du Palais-Bourbon que sous la précédente. Éblouis par les peintures de Delacroix, la somptueuse bibliothèque, les clins d'œil de l'histoire dans chaque salon, les 178 000 curieux annuels peuvent constater que l'hémicycle est plus petit qu'il n'y paraît à la télé. Cette politique d'ouverture, initiée par Jean-Louis Debré, grand organisateur d'expositions, a été amplifiée par son successeur Bernard Accoyer. Une tendance encouragée par les députés qui jouent volontiers les guides pour des groupes venus de leur circonscription. Hors séance bien sûr, l'Assemblée nationale prend donc des airs de musée où les amateurs de politique et de patrimoine peuvent jouer aux élus du peuple en circulant dans les travées de l'hémicycle et se prennent en photo, assis derrière les fameux pupitres en bois qui claquent fort les jours de tension entre la droite et la gauche. Certains visiteurs n'hésitent pas au passage à se servir dans la papeterie mise à la disposition des députés ou à grimper jusqu'au perchoir du Président. Un sacrilège pour les huissiers qui rechignent pourtant à intervenir puisque le député-guide ne dit rien.

Heureusement que ces nombreux visiteurs ont la chance d'être accompagnés par un élu ou un agent, sinon ils se perdraient à coup sûr dans ce dédale de couloirs, d'escaliers, de salons. Et encore, si l'Assemblée nationale se limitait au Palais-Bourbon ! Outre les 71 000 mètres carrés de locaux historiques, la représentation nationale a colonisé le quartier au fil des décennies et mis la main sur 62 000 mètres carrés supplémentaires, dont 3 300 qu'elle loue.

Loger dans de beaux bâtiments, dans le quartier le plus chic de la capitale, n'a jamais suffi au bonheur des députés qui, en deux siècles, n'ont cessé de se plaindre, parfois à raison, de leurs conditions de travail. Il faut dire que le Palais-Bourbon n'a pas été conçu pour abriter un parlement. Cette belle demeure aristocratique de la rive gauche a été bâtie au début du XVIIIe siècle par la duchesse de Bourbon, fille naturelle de Louis XIV. Racheté par Louis XV puis par le petit-fils de la duchesse, le prince de Condé, le palais a été réquisitionné à la Révolution, après la fuite à l'étranger de son propriétaire, pour être attribué ensuite à la représentation nationale qui quitte alors Versailles.

Inconfort, mauvaise acoustique, aération défaillante sont les critiques récurrentes de l'époque malgré l'inauguration d'un nouvel hémicycle en 1832, celui que nous connaissons encore, le premier, construit à la hâte, ayant tenu trente-quatre ans. Trop grand ou trop petit en fonction du nombre de députés et selon les régimes politiques en vigueur, la littérature parlementaire abonde de textes, rapports ou déclarations, dénonçant l'inadaptation de ce lieu que la représentation nationale aura bien du mal à s'approprier.

À la fin du XIXe siècle, un député établit même une relation de cause à effet entre l'insalubrité du Palais et la courbe de mortalité des parlementaires ! Des projets d'agrandissement fleurissent, puis l'idée de déménager commence à germer. Dans les années 1930, la Chambre des députés lorgne sur l'École militaire toute proche où des terrains sont disponibles. Une hypothèse reprise trente ans plus tard par le président de l'Assemblée, Jacques Chaban-Delmas, qui ne se concrétisera jamais.

Mais dans les années 1960 et 1970, ce n'est pas tant l'hémicycle qui pose problème que l'aménagement global des locaux. Et, accessoirement, la place du Parlement dans nos institutions sous la Ve République. « *Nous avons autre chose à faire qu'à songer à construire des palais ; nous ne rêvons pas de cage plus dorée, nous rêvons de pouvoirs plus certains* », lança en 1962, en séance, un député[1] lors du débat sur l'opportunité de changer de lieu ou de remanier de fond en comble les bâtiments existants en perpétuels travaux.

Le besoin de moderniser les locaux de l'Assemblée nationale s'est fait cruellement sentir avec l'évolution du travail parlementaire. Des textes plus techniques, plus nombreux, dans des domaines très différents demandent un travail plus dense en commission. Le besoin en salles de réunion est devenu criant. Il a fallu faire de la place aux collaborateurs parlementaires – 2 000 aujourd'hui, dont un tiers à l'Assemblée et les deux autres tiers en circonscription. Il est difficile d'imaginer que, jusqu'en 1974, les députés ne disposaient pas tous d'un bureau individuel et partageaient leur casier avec un collègue pour ranger des documents et quelques vêtements. La construction d'un grand immeuble au 101, rue de l'Université, relié par un tunnel au Palais-Bourbon, a créé un vrai appel d'air dans les années 1970. Mais cela n'a pas suffi. Dans les années 1980, l'Assemblée a poursuivi ses acquisitions et acheté 13 000 mètres carrés boulevard Saint-Germain, puis 3 000 mètres carrés rue Aristide-Briand, 4 620 mètres carrés en 2009, rue Saint-Dominique, des locaux qu'elle louait. Que des adresses prestigieuses situées à quelques pas de l'îlot historique.

1. Député de la Loire, Eugène Claudius-Petit, séance du 26 avril 1962 (Archives de l'Assemblée nationale).

Il fallait trouver de la place, surtout en 1986 lorsque, à la faveur du changement de mode de scrutin, le nombre de députés est passé de 491 à 577.

Les bureaux des députés, avec une surface moyenne d'une vingtaine de mètres carrés, n'ont pourtant rien de spacieux. Certains parlementaires qui cumulent leur mandat avec un exécutif local réapprennent la modestie quand ils se retrouvent à l'Assemblée. Rien à voir avec le confortable bureau de leur mairie ou de leur palais régional ! Pourtant, tout le monde n'est pas logé à la même enseigne. Les disparités demeurent fortes. En début de législature, la chasse aux bureaux est un sport qui n'est plus réservé aux vieux briscards du palais. Il n'est pas rare que de jeunes députés, grisés par leur victoire, tentent une OPA sur les meilleurs bureaux. Ces insolents sont vite rappelés à l'ordre par les hiérarques du groupe politique auquel ils appartiennent. Car cette question matérielle est éminemment sensible pour les parlementaires. L'administration de l'Assemblée nationale ne s'en mêle pas dans le détail et laisse les députés faire leur petite tambouille. Chaque groupe reçoit donc un lot de bureaux correspondant à son poids, c'est-à-dire au nombre de députés qui le composent. Comme les locaux sont éclatés sur plusieurs sites, les élus d'un même groupe cherchent au moins à se regrouper par étage, par couloir. Ce qui occasionne à chaque changement de majorité d'incroyables négociations entre groupes politiques, sans parler des tractations internes pour savoir qui va récupérer tel ou tel bureau.

Une maison qui a un tel respect de la hiérarchie ne peut pas laisser au hasard – ou pire, à l'administration – l'attribution de cet espace de travail. Les députés ne sont pas tous égaux. Les stars qui cumulent ancienneté et carrière ministérielle au plus haut niveau ont droit aux meilleurs emplacements et surfaces. Les bureaux convoités sont les plus proches de l'hémicycle pour le côté pratique et le prestige de loger au cœur du Palais-Bourbon. Le charme d'être au plus près se paye parfois au prix de l'exiguïté de bureaux, une douzaine de mètres carrés sous les combles, desservis par des couloirs étroits. Mais l'élu ne râlera pas trop, la vue plongeante sur la Cour d'honneur valant tous les désagréments. À peine plus éloignés de l'hémicycle mais très confortables, les quelques grands bureaux du « pavillon A », les rares à donner sur la place du Palais-Bourbon, accueillent quelques hiérarques. Dernier à y emménager, Bernard Accoyer, ancien président de l'Assemblée, qui a quitté en juin 2012 son bureau de l'hôtel de Lassay avec vue sur les jardins et la Seine. L'élu UMP de Haute-Savoie a ainsi récupéré le bureau de l'ex-député marseillais, Renaud Muselier, battu aux élections législatives.

Fonctionnels, refaits à neuf au début des années 2000, les bureaux du 3, rue Aristide Briand – le « 3AB » dans le jargon de l'Assemblée –, qui donnent sur la façade est du Palais-Bourbon, ne sont pas les plus grands mais certains, en étage, offrent un superbe panorama sur les toits du Palais, de l'hôtel de Lassay et du ministère des Affaires étrangères mitoyen. François Hollande et les cadres du PS y étaient chez eux jusqu'en juin 2012. Finalement les bureaux qui ont le moins de charme sont aussi les plus pratiques. Dans l'immeuble Chaban-Delmas, rénové tout récemment, au 101, rue de l'Université, les bureaux des plus chanceux peuvent dépasser les 25 mètres carrés. Cet espace aux allures de chambres d'étudiant de luxe permet de caser le fameux canapé-lit si convoité par certains députés. Et, détail d'importance, la douche et les toilettes sont désormais privatives. Auparavant, les députés qui voulaient loger dans leur bureau au « 101 » disposaient de sanitaires communs à l'étage. Le confort offert, explique-t-on à l'Assemblée, était calqué sur le standing d'un hôtel une ou deux étoiles du début des années 1970. Trop spartiate aux yeux des députés qui s'en plaignaient régulièrement. Aujourd'hui, on est plus proche d'un quatre étoiles des années 2000. Outre le confort moderne, la surface de chaque bureau du « 101 » a été quasiment doublée en faisant tomber les cloisons.

Car la question du logement à Paris n'est pas qu'une préoccupation du peuple, elle en est aussi une pour nombre de ses représentants qui y viennent chaque semaine de leur circonscription. Il est vrai que le temps où des personnalités politiques parisiennes se faisaient élire en province mais vivaient confortablement dans la capitale est presque révolu. Aujourd'hui, la plupart des députés habitent sur leur terre d'élection et ne disposent pas d'appartement à Paris. Les cinquante chambres – facturées aux élus 30 euros la nuit – de la résidence-hôtel de l'Assemblée, située derrière le « 101 », ne suffisent pas. L'Assemblée doit payer des chambres d'hôtel. La plupart des 200 parlementaires qui ont un lit d'appoint et une douche dans leur bureau profitent de ces commodités lors des séances de nuit. Mais certains élus provinciaux ont fait de leur bureau un pied-à-terre durant les sessions. À raison de deux nuits par semaine en moyenne, c'est supportable mais, pour le nouveau président de l'Assemblée nationale, la question du logement des députés se posera avec acuité lors de l'instauration du mandat unique. Avec la fin du cumul des mandats promise par le gouvernement, les députés, plus disponibles, siégeraient à l'Assemblée une bonne partie de la semaine, alors que le travail parlementaire se concentre actuellement sur les mardis et mercredis. « *Aujourd'hui, des députés ont déjà des problèmes pour se loger. Alors, dans le cadre du mandat unique, il faudra revoir le mode d'accueil des parlementaires*[1] », anticipe Claude Bartolone. La fièvre immobilière, chronique à l'Assemblée nationale, n'est donc pas en voie

1. Entretien avec l'auteur, le 23 juillet 2012.

de guérison. L'Assemblée lorgne du côté du ministère des Affaires étrangères, situé juste à côté, où il aimerait bien récupérer des mètres carrés pour aménager des bureaux doubles, comme au « 101 ». Le Quai d'Orsay pour l'instant se laisse désirer.

Depuis une décennie, grands travaux et acquisitions accaparent le temps des questeurs. Heureusement, l'un d'entre eux, le député UMP Philippe Briand, est particulièrement à l'aise avec ces questions puisqu'il préside Citya Immobilier, un des plus gros administrateurs de biens français. Ce dossier a aussi accaparé les récents présidents de l'Assemblée. Jean-Louis Debré aimait multiplier les visites de chantier, même si de son propre aveu il n'y « *connaissait rien* », afin de montrer que ces affaires-là sont sérieuses.

Son successeur Bernard Accoyer n'est pas peu fier d'avoir permis à l'Assemblée nationale d'être devenue en mars 2009 propriétaire de locaux qu'elle louait à prix d'or, 33, rue Saint-Dominique, à cinq minutes à pied du Palais-Bourbon. Ce dossier illustre à merveille l'état d'esprit des dirigeants de l'Assemblée au début des années 2000. Comme la rénovation du 101, rue de l'Université va conduire à réduire de moitié le nombre de bureaux, désormais plus grands et confortables, les services du Palais-Bourbon se mettent en quête de mètres carrés dans le quartier. Le hasard fait bien les choses car le Crédit Agricole dispose justement d'un joyau qu'il cherche à louer. Il s'agit de deux hôtels particuliers reliés par une façade, qui donnent sur l'un des endroits les plus charmants de la capitale, le square de la basilique Sainte-Clotilde, connue pour être la paroisse des députés. Banco ! La banque verte envisage d'importants travaux qu'elle prendra à sa charge. Pour sa part, le futur locataire réglera le montant des transformations spécifiques à l'usage qu'il veut en faire : aménagement de salles de réunion et autres détails. De fait, le Crédit Agricole ne lésine pas sur la dépense et l'Assemblée nationale s'installe en 2006 dans des locaux magnifiques. « *Si nous avions été propriétaires, jamais nous n'aurions rénové ces locaux de manière aussi somptueuse* », reconnaît un haut fonctionnaire maison. Les travaux, menés sous l'œil vigilant d'un architecte des bâtiments de France, ont conduit notamment à la création de cinquante places de parking sous le bâtiment historique. Une prouesse, d'autant que l'on y a découvert un bunker construit durant l'entre-deux-guerres qu'il a fallu détruire ! Le montant du loyer est à la hauteur : un peu plus de 5 millions d'euros par an pour 4 620 mètres carrés, soit une location au mètre carré de 1 100 euros annuel. Bien au-dessus des prix du marché dans le quartier pour des biens de qualité équivalente (autour de 800 euros). En payant rubis sur ongle un loyer si élevé durant trois ans, l'Assemblée a en quelque sorte payé sa part des travaux. Elle paierait encore – le bail initial s'achevait en 2021 – si, en pleine crise financière, le Crédit Agricole n'avait préféré vendre à son locataire. « *À un prix inférieur à l'évaluation des Domaines* », insiste un hiérarque de l'Assemblée. Presque une affaire donc. En mars 2009, l'Assemblée nationale a puisé dans ses réserves et payé « cash » près de 60 millions d'euros. À l'époque, même à près de 13 000 euros le mètre carré, le rachat de « Las Cases » a été considéré comme une belle opération. Bernard Accoyer a lui-même mouillé sa chemise et négocié la transaction avec René Carron, président du groupe bancaire jusqu'en 2010. Les deux hommes se connaissent bien puisque le banquier a été maire et conseiller général de Yenne en Savoie, située à moins d'une heure d'Annecy-le-Vieux, fief de Bernard Accoyer. Aujourd'hui, le pôle « Las Cases » abrite notamment les services des commissions des Affaires étrangères, de la Défense et des Affaires européennes.

Depuis cette opération, les frais de location ont fondu, mais il reste un point noir : le 110, rue de l'Université, situé à quelques mètres du Palais-Bourbon. Là, en comparaison, les 2,7 millions d'euros de loyer versés chaque année pour 3 053 mètres carrés paraissent presque raisonnables. Avec près de 900 euros le mètre carré par an, on est juste au-dessus de la fourchette haute des prix du marché dans le rénové haut de gamme du quartier. Mais encore bien au-delà de la valeur locative du bâtiment mitoyen, 3 rue Aristide Briand, propriété de l'Assemblée nationale : 580 euros selon les estimations officielles inscrites dans son bilan.

Le Palais-Bourbon insiste donc pour en finir avec ce dernier gros bail et entend acquérir ce bâtiment qu'il convoite quasiment depuis sa construction. Il fait presque partie de l'histoire de l'Assemblée puisqu'on le voit s'ériger, la façade cachée par des échafaudages, en arrière-plan d'une célèbre photo de 1910 qui montre la place du Palais-Bourbon noyée sous les eaux de la Seine en crue ! Ce bien, idéalement placé, est évalué à 47 millions, soit 15 000 euros le mètre carré, mais ce n'est sans doute pas assez pour le propriétaire, Generali France Immobilier. Bernard Accoyer qui a voulu réitérer l'opération « Las Cases » s'est cassé le nez sur l'assureur italien. « *L'immeuble n'est pas à vendre* », ont rétorqué, inflexibles, les deux présidents successifs de l'assureur Generali, la maison-mère. L'ex-président de l'Assemblée nationale qui a rencontré Antoine Bernheim, ancienne figure du capitalisme décédé en juin 2012, puis Cesare Geronzi, débarqué depuis, se souvient de leur réponse : « *Monsieur le président, quand on a un locataire aussi fiable, un tel niveau de loyer, un tel contrat et qu'on est assureur, il n'y pas de garantie plus sûre !* » Un détail : le bail court jusqu'au 31 décembre 2032 !

Le 26 juillet 2012, lors de la courte passation de pouvoir à l'hôtel de Lassay, Bernard Accoyer a évoqué avec Claude Bartolone le dossier du « 110 », car « *on ne doit pas continuer à gaspiller ainsi l'argent des contribuables. L'Assemblée doit faire en sorte de sortir de cette situation y compris en modifiant la loi.* » Comment contraindre un vendeur à vendre alors qu'il ne veut pas ? En réquisitionnant le bien ? Prudent mais sur la même ligne que son prédécesseur, le nouveau président a demandé une étude juridique à ses services et va prendre rendez-vous avec les dirigeants de Generali. « *On ne peut pas rester dans cette situation, je suis prêt à examiner toutes les procédures possibles afin de trouver un accord qui préserve, certes les intérêts de Generali, mais aussi ceux de l'Assemblée nationale* », confie Claude Bartolone. « *Generali c'est l'Italie, on doit pouvoir gérer ça d'État à État, Laurent Fabius* [ministre des Affaires étrangères] *peut nous aider*[1] », suggère le premier questeur PS, Bernard Roman. Un fin connaisseur du dossier estime que Generali cédera à une seule condition : « *retrouver une surface équivalente dans Paris afin de ne pas affaiblir son portefeuille de bureaux* ». L'État, dont la politique immobilière consiste à vendre ses biens prestigieux, pourrait aider à débloquer la situation.

Comme tout propriétaire atteint de fièvre acheteuse, l'Assemblée nationale fait face à d'importants frais d'entre-

1. Entretien avec l'auteur, le 18 septembre 2012.

tiens courants qui s'envolent à plus de 10 millions d'euros par an. C'est le prix à payer pour 130 000 mètres carrés éclatés sur plusieurs sites. Ces charges courantes sont évidemment déconnectées des gros investissements réalisés ces dernières années. Le chantier le plus spectaculaire et le plus coûteux a été la rénovation du 101, rue de l'Université, gros ensemble immobilier des années 1970, qui tranche avec les autres bâtiments du XVIIIe ou XIXe siècle du voisinage. Car, si on a coutume de dire que le cœur de la démocratie bat au Palais-Bourbon, la vie quotidienne de l'Assemblée nationale se déroule souvent au « 101 ». Là, pas d'huissiers en queue-de-pie, de dorures, d'œuvres d'art, mais du fonctionnel chic. De l'extérieur, la façade vitrée, le va-et-vient des taxis et des voitures officielles pourraient faire penser à un hôtel pour hommes d'affaires. Une fois dans le grand hall d'entrée, les portiques de sécurité et les comptoirs d'accueil font plutôt songer au siège d'une grande entreprise. Au huitième étage, le restaurant panoramique réservé aux députés et à leurs invités offre une jolie vue sur Paris.

Bureaux de députés, salles de réunion en sous-sol, la rénovation des 35 000 mètres carrés de l'immeuble baptisé en 2001 « Jacques Chaban-Delmas » n'a pas été réalisée à l'économie. Dans son prérapport de 2008, la Cour des comptes épinglait d'ailleurs le coût de cette opération confiée à Bouygues. Elle a atteint, selon des informations obtenues à l'Assemblée d'une source qui tient à rester anonyme, « *128 millions d'euros, TVA incluse* ». Le double de ce qui était prévu, comme le prétend une rumeur tenace ? « *Pas du tout*, insiste la même source, *les travaux avaient été initialement estimés à 120 millions, le dépassement est faible.* » Selon ce bon connaisseur du dossier, la Cour des comptes qui avait dénoncé un surcoût se serait tout bonnement « *trompée* ». Et d'avancer benoîtement une hypothèse pour expliquer le « *malentendu* » : « *Ils ont pris un mauvais chiffre, sans doute les 70 millions estimés initialement pour les travaux* stricto sensu, *sans les aménagements de salles et les frais d'expertises.* »

Au passage, en marge de la rénovation, l'Assemblée a récupéré le 103, rue de l'Université, situé dans un immeuble ancien qui appartenait au ministère des Affaires étrangères. Refaits à neuf, ses 1 000 mètres carrés ont été rattachés au « 101 » et accueillent depuis 2009 des services et une vingtaine de bureaux doubles de députés.

Au grand soulagement des parlementaires et du personnel qui ont vécu ces dernières années au rythme des chantiers et des déménagements, l'heure semble aujourd'hui à l'accalmie. L'un des derniers gros chantiers a concerné le passage souterrain long de 139 mètres qui relie, à quinze mètres sous la rue de l'Université, le « 101 » au Palais-Bourbon. Construite en 1974 mais fragilisée et fermée depuis quelques années, cette galerie de liaison a été rouverte en 2010 après une importante rénovation et la construction d'un escalier monumental. De la même façon, le parking situé sous la Cour d'honneur, avec ses 380 places, a été rénové pour 4 millions d'euros. À présent, l'Assemblée nationale digère sa métamorphose et, jamais sans doute dans l'histoire de l'institution les députés n'auront travaillé dans un environnement si confortable. De mars à juin 2012, durant les trois mois de campagne électorale, les services ont profité de l'absence des députés et de l'interruption des séances pour donner le traditionnel coup de « blush » au Palais-Bourbon avant l'accueil des nouveaux élus. En un temps record, la façade grisâtre côté rue Aristide Briand a été ravalée. À la demande de l'Assemblée, les ouvriers ont conservé sur la pierre de taille quelques éclats, stigmates de la libération de Paris en 1944.

Si les tiroirs des questeurs ou du président ne débordent plus de grands projets de travaux, l'Assemblée nationale reste à la merci d'un imprévu. Des « *désordres architecturaux* », pour reprendre une formule de spécialiste, ont été constatés sous la colonnade du Palais-Bourbon, vieille de deux siècles. Les marches qui supportent les douze colonnes se sont affaissées d'une dizaine de centimètres ! Les promeneurs qui passent devant les grilles du palais, quai d'Orsay, sont loin de se douter que les tuyaux du chauffage urbain arrivent là. C'est précisément sous l'emmarchement que se trouve la salle des machines qui permet de chauffer l'hémicycle situé à quelques mètres. Au début des années 2000, des infiltrations dans une cuve de refroidissement ont décapé le sous-sol et endommagé le terrassement réalisé à l'époque avec des alluvions de la Seine en contrebas. En 2007, l'Assemblée s'est retournée contre l'entreprise qui avait réalisé la cuve défectueuse mais le contentieux n'est toujours pas tranché. Sûre de son bon droit, l'Assemblée attend de connaître le montant de l'indemnisation avant d'envisager l'ampleur des travaux. Le député François de Rugy, ancien membre du bureau de l'Assemblée, se demande si « *ce ne serait pas l'occasion de mettre en valeur cette partie du Palais-Bourbon et d'améliorer l'accueil du public*[1] ». Il est vrai que, protégés par des hautes grilles toujours fermées, le perron et la colonnade semblent négligés. Le contraste est saisissant entre l'entrée principale de l'Assemblée, place du Palais-Bourbon, et l'accès situé quai d'Orsay, noirci par la pollution, livré aux courants d'air et au tumulte de la circulation automobile. Le symbole de l'Assemblée nationale, la fameuse colonnade, mérite mieux selon certains députés qui plaident pour une « zone nord » du Palais plus accueillante. Outre des problèmes de sécurité, le projet poserait des questions d'ordre budgétaire.

1. Entretien avec l'auteur, le 30 mai 2012.

« *En période de restrictions, le président de l'Assemblée aura rapidement à choisir entre des travaux de prestige et d'image et une simple consolidation des marches avec quelques salles de réunions en plus en sous-sol* », croit savoir un élu.

Grandir toujours grandir. Au fil des décennies, l'Assemblée nationale se sera constitué un beau patrimoine immobilier, à rebours de l'État qui a cédé beaucoup de mètres carrés ces dernières années. Des hôtels particuliers, mais aussi des immeubles de bureaux plus anonymes ou des casernes désaffectées, vendus au nom de la « rationalisation du patrimoine immobilier de l'État », comme on dit à Bercy. Depuis 2007, les ministères ont dû se plier à des objectifs : le ratio retenu par le ministère de l'Économie était de 12 mètres carrés par fonctionnaire.

On est loin du compte à l'Assemblée nationale puisque, avec un effectif de 2 600 personnes environ, additionnant les députés, les fonctionnaires titulaires et contractuels, les collaborateurs d'élus sur place et les salariés des groupes politiques, répartis sur 130 000 mètres carrés, on arrive à 50 mètres carrés par individu ! Bien sûr, rétorque-t-on à l'Assemblée, ce ratio moyen un peu stupide ne prend pas en compte la configuration des lieux, pas toujours optimisée ainsi que la spécificité des missions et des statuts de ceux qui fréquentent la maison. Il n'empêche, l'Assemblée nationale s'est constitué une belle et grande forteresse, au cœur du 7e arrondissement.

Cette richesse se retrouve évidemment à l'actif du bilan comptable de l'institution. Les bâtiments représentent une valeur de 482 millions d'euros selon l'évaluation de France Domaine, agence qui gère le patrimoine immobilier de l'État. Une estimation qui ne comprend ni le Palais-Bourbon ni l'hôtel de Lassay, la résidence du président de l'Assemblée, qui juridiquement appartiennent à l'État et sont inscrits au bilan pour l'euro symbolique. Seuls les aménagements récents effectués depuis 2007 dans les locaux historiques viennent grossir la colonne « actifs » de 27 millions. Sur le plan comptable, c'est donc l'imposant ensemble Chaban-Delmas qui constitue aujourd'hui la perle immobilière de l'Assemblée, estimée à près de 250 millions d'euros. Si le Palais-Bourbon et l'hôtel de Lassay avaient leur place dans ce bilan, on se demande bien à combien seraient évalués ces trésors du patrimoine français situés dans le quartier le plus cher de la capitale, avec leurs œuvres d'art et l'exceptionnelle bibliothèque.

Cette dernière, édifiée par l'architecte Jules de Joly qui a profondément transformé le Palais-Bourbon dans la première partie du XIXe siècle, en constitue le joyau. Bâtie en doublement de l'aile droite du Palais, longue de 42 mètres, large de 10 et haute de 15, elle compte une collection exceptionnelle de 600 000 ouvrages. Évidemment, ils ne tiennent pas tous en ces lieux et les sous-sols de la Cour d'honneur accueillent 18 kilomètres de rayonnages. Les visiteurs remarquent surtout les fresques d'Eugène Delacroix décorant les coupoles, exécutées en neuf ans par le maître et ses collaborateurs. Pour l'anecdote, il a dans le même temps décoré la bibliothèque du Sénat, ce qui a contribué à retarder l'achèvement des travaux.

L'Assemblée nationale qui a toujours eu conscience de la richesse de son patrimoine a parfois tendance à se prendre pour un grand collectionneur ou un musée. Cette politique de mécénat artistique conduit certains responsables de l'institution à passer commande à des artistes et courir les salles de ventes. L'intérêt du président de l'Assemblée pour les arts pèse beaucoup dans cette orientation. C'est sous la première présidence de Laurent Fabius, de 1988 à 1992, qu'ont été livrées la boule en granit noir sur un parallélépipède, conçue par l'Américain Walter De Maria pour le bicentenaire de la République, qui trône dans la Cour d'honneur du Palais-Bourbon, ainsi que les fresques de la rotonde, reliant le palais et la galerie des fêtes, réalisées par l'artiste belge Pierre Alechinsky. À quelques mètres de là, une œuvre monumentale s'offre depuis 2011 aux regards des députés dans une petite cour qui jouxte l'hémicycle. Haute de plus de trois mètres, cette sculpture en marbre blanc de Carrare a été offerte par le fils d'une artiste contemporaine, Maria Papa Rostkowska. Décédée en 2008, la sculptrice avait voulu faire don de l'une de ses œuvres à la France. Les donations ne sont pas si fréquentes, mais cela s'est produit à quelques occasions. Le don le plus célèbre est celui que fit la veuve de Jean-Jacques Rousseau, Thérèse Levasseur, quand elle remit en 1794 à la Convention les manuscrits de *La Nouvelle Héloïse* et des *Confessions.* Mais l'essentiel du patrimoine artistique accumulé par l'Assemblée nationale – 925 tableaux ou gravures et 325 sculptures – est composé d'œuvres commandées pour le Palais-Bourbon.

L'institution a pris l'habitude de sortir son carnet de chèques pour des acquisitions qui représentent au total plusieurs dizaines, parfois plusieurs centaines de milliers d'euros par an. Les trente-deux bustes signés Honoré Daumier, présentés dans le vestibule de la bibliothèque et dont les originaux se trouvent au musée d'Orsay, ont été acquis en vente publique en 2004. En 2005, Jean-Louis Debré alors président remarque dans un catalogue un tableau représentant un membre du Conseil des Cinq-Cents, en costume de député, dessiné par David et peint par Jean-Louis Laneuville. L'œuvre datée de 1798 coûte cher, mais les questeurs donnent leur accord. Furieux de voir que personne n'a songé à négocier, Jean-Louis Debré se déplacera lui-même jusqu'à la galerie parisienne pour marchander et réussir à diviser le prix par deux. Plus récemment, en 2010, 313 188 euros ont été dépensés en œuvres et objets d'art.

Comme le précise la version non publique des comptes de l'Assemblée, il s'agissait de « *tableaux et de photographies contemporaines destinés à l'aménagement des nouvelles salles de réunion des commissions*[1] ». Si les députés s'ennuient durant les séances, ils ont au moins le loisir de contempler les œuvres d'art qui les entourent.

1. Rapport du Collège des questeurs remis à la commission spéciale chargée d'apurer les comptes (juillet 2011).

V

LA VIE DE CHÂTEAU

Toc ! toc ! « *Ouvrez, c'est Jean-Louis Debré !* » Un matin de 2004, furieux de ne pas obtenir la liste des fonctionnaires qui bénéficient d'un appartement de fonction dans un immeuble, situé juste derrière le Palais-Bourbon, le président de l'Assemblée nationale décide de lancer une opération commando. Il foule les graviers de la cour de l'hôtel de Lassay, puis traverse la rue de l'Université. Là, au 95, un bel immeuble appartenant à l'Assemblée abrite des bureaux et plus de 1 000 mètres carrés de logements. Le directeur des bâtiments de l'époque et d'autres fonctionnaires y demeurent. « *J'ai découvert que l'un des responsables syndicaux de l'Assemblée* [y] *avait un appartement. En frappant à la porte, je suis tombé sur sa dame*[1] », raconte Jean-Louis Debré qui, durant ses cinq ans au perchoir, fit de la chasse aux logements sa spécialité. Pas seulement par volonté de traquer les privilèges – son premier directeur de

1. Entretien avec l'auteur, le 22 juin 2012.

cabinet a disposé d'un confortable appartement de réception de 350 mètres carrés –, mais avant tout pour récupérer de la place.

Le cas du 95, rue de l'Université fut donc réglé en quelques mois et les logements transformés en bureaux. Le bâtiment accueille désormais les services de la commission des affaires économiques. Quant aux fonctionnaires qui y logeaient, ils ont dû quitter les lieux. Preuve que la présence sur place, vingt-quatre heures sur vingt-quatre, de ce personnel technique n'était pas indispensable, un simple studio au 34, rue Saint-Dominique suffit désormais à assurer les astreintes.

Si Jean-Louis Debré s'est mis en tête de récupérer les appartements, c'est aussi parce que, en politique expérimenté, il redoute à ce moment-là une campagne de presse. Alors que l'heure est déjà à la rigueur sur le front des comptes publics, *Le Canard enchaîné* révèle le 15 février 2005 que le ministre de l'Économie et des Finances habite un duplex de 600 mètres carrés à deux pas des Champs-Élysées. Le loyer de 14 000 euros par mois est payé par Bercy, qui a aussi réglé les importants travaux de transformation. Le 25 février, Hervé Gaymard est contraint à la démission. Il remboursera les loyers et les frais, près de 60 000 euros, afin de solder cette embarrassante affaire. La tempête médiatique est telle que le président de l'Assemblée redoute un effet tache d'huile. « *Si j'ai voulu rendre les appartements de fonction, c'est que je sentais bien que des pratiques admissibles il y a un siècle ne le sont plus aujourd'hui. J'étais persuadé qu'on allait avoir des problèmes* », confie-t-il.

Depuis son élection au perchoir en 2002, à la suite de la réélection de Jacques Chirac, le président de l'Assemblée nationale de l'époque a particulièrement en ligne de mire les locaux que l'Assemblée et le Sénat possèdent au château de Versailles. Le patrimoine à gérer et à entretenir est imposant puisque l'Assemblée nationale dispose d'une grande partie de l'aile du Midi, de locaux et appartements dans l'aile des Ministres sud, ainsi que du pavillon dit « des Roulettes », dans le parc. Le Sénat lui se contente de 5 400 mètres carrés, notamment de nombreux locaux de réception dans l'aile des Ministres nord. Jean-Louis Debré n'en connaît, pour ainsi dire, que l'hémicycle du Congrès, qui accueille députés et sénateurs lors des modifications de la Constitution, c'est-à-dire rarement. Mais il sait que de nombreux appartements sont attribués à des dignitaires de l'Assemblée et du Sénat, parlementaires et fonctionnaires. Presque par hasard, il apprend aussi que plusieurs agents de l'Assemblée sont affectés en permanence à Versailles et y sont logés. « *Un jour, alors que j'assiste à la réunion de la questure*, se souvient Jean-Louis Debré, *je vois passer une facture pour l'achat d'un petit engin pour désherber la façade.*

Je demande à mon secrétaire général de quoi il s'agit précisément. Il enquête et j'apprends ainsi que l'Assemblée a un jardinier à Versailles qui dispose d'un logement de service de 120 mètres carrés! » Il décide alors d'en savoir plus. « *Comme, là encore, je n'arrivais pas à obtenir la liste des logements et à qui ils étaient affectés, un matin, en retournant dans ma circonscription* [dans l'Eure], *je me suis arrêté à Versailles,* raconte l'ancien président. *J'avais les plans des locaux et j'ai demandé à visiter l'appartement qui m'était attribué. Il venait d'être rénové. Puis j'ai insisté pour qu'on me montre les autres logements.* » En vieux briscard de la politique, Jean-Louis Debré fait alors mine de découvrir ce qu'il pressentait : « *J'ai vu des choses qui n'auraient jamais dû exister. Des gens avaient même prêté les appartements à leur famille. J'ai interrogé les gardiens qui m'ont dit qu'il y avait des boums régulièrement. Bref, c'était un scandale! Ce jour-là, je ne suis pas allé à Évreux, j'ai fait demi-tour, je suis rentré à l'Assemblée et j'ai réuni les directeurs pour leur dire : " C'est fini, vous avez un mois pour tout rendre!* " » Pas si simple car, dans l'idée de Jean-Louis Debré, il s'agissait, non pas de vider les appartements pour en faire des bureaux comme ce fut le cas à Paris, mais de rendre à l'établissement public du château de Versailles, qui dépend du ministère de la Culture, les 25 000 mètres carrés que gérait le Parlement. Ce projet ancien, exhumé par Jean-Louis Debré, vise alors à ouvrir un peu plus le château au public et à en faciliter l'accès. L'établissement public et la rue de Valois qui ont lancé l'ambitieux programme de « Grand Versailles » sont évidemment preneurs et même demandeurs. Ce qui a le don d'irriter le Sénat, en particulier l'un de ses trois questeurs de 2001 à 2004, Michel Charasse. Les relations étaient notoirement mauvaises entre le truculent sénateur du Puy-de-Dôme et le président de Versailles jusqu'en 2003, Hubert Astier, une forte personnalité marquée à droite qui fut notamment directeur de cabinet de Jacques Toubon au ministère de la Culture. Lorsque Christine Albanel, ancienne « plume » de Jacques Chirac à la mairie de Paris et à l'Élysée, lui succède à la présidence de l'établissement public, l'une de ses premières tâches est de se rabibocher avec le Sénat. Galant homme, Michel Charasse invite Christine Albanel à déjeuner dans son superbe appartement de réception avec vue sur le jardin du Luxembourg. Le courant passe mieux qu'avec Astier, mais le questeur reste inflexible. « *Michel Charasse m'a dit que Versailles était un élément de la souveraineté parlementaire*[1] », se souvient celle qui deviendra en 2007 ministre de la Culture. Elle trouve une oreille plus attentive du côté du président de l'Assemblée nationale, Jean-Louis Debré. Il faut dire que ces deux chiraquiens du premier cercle se connaissent bien et

1. Entretien avec l'auteur, le 19 septembre 2012.

s'apprécient. Ils vont monter ensemble, Debré en première ligne, Albanel en soutien, une guerre éclair contre le Sénat et la technostructure des deux Assemblées. Tout se trame en 2004 alors qu'elle rend une visite de courtoisie à Jean-Louis Debré. Dans son bureau de l'hôtel de Lassay, il lui annonce qu'il a l'intention d'initier la restitution complète des surfaces du château appartenant au Parlement. « *J'ai été un peu surprise car je n'en attendais pas tant*, se souvient Christine Albanel. *C'était une initiative très heureuse car la situation de l'époque était une anomalie par rapport à notre ambition d'ouvrir plus largement le château au public. Et puis, pour Jean-Louis Debré, il s'agissait de mettre fin à des abus. Des directeurs et des parlementaires avaient, de fait, deux appartements de fonction, un à Paris et un à Versailles.* »

Restait à trouver le bon moment pour lancer l'offensive. Début 2005, la calamiteuse affaire Gaymard tombe à pic. La presse commence à s'intéresser aux appartements de fonction dans l'administration. Le ministère de la Culture qui loge beaucoup de monde, essentiellement des directeurs de musée et des conservateurs, est visé. L'œil du cyclone se rapproche. Pour Christine Albanel, « *il y avait une curiosité autour des deux cent vingt logements de fonction du château de Versailles, et donc Jean-Louis Debré en a profité pour pousser les feux* ». Il est nécessaire de changer la loi pour que l'Assemblée et le Sénat restituent ces locaux à l'établissement public? Qu'à cela ne tienne, l'ancien ministre de l'Intérieur dépose lui-même une proposition de loi, le 3 mars 2005! « *La République vit de traditions et de symboles; elle vit aussi avec son temps. Et, lorsque la tradition en vient à faire obstacle à l'adaptation aux nécessités du temps présent, il faut savoir y renoncer* », peut-on lire dans l'exposé des motifs. À l'avenir, les locaux du Congrès ne seraient « *plus affectés de manière permanente aux deux Assemblées, mais seulement mis à leur disposition, en tant que de besoin et gratuitement, pour l'exercice de leur pouvoir constituant* ». Une véritable trahison pour le Sénat qui se retrouve piégé. Car Jean-Louis Debré va médiatiser l'opération sur le thème : le Parlement doit rendre Versailles au peuple. Pas moins! De quel droit dissimulerait-on aux visiteurs du château des salles aussi prestigieuses que la galerie des Batailles? Quel élu raisonnable peut s'opposer à un tel dessein? Le président de l'Assemblée n'insiste pas trop sur les logements de fonction, mais il va jusqu'à faire venir une caméra de télévision dans le splendide appartement de réception qui lui est attribué et dont il ne se sert jamais. Une démonstration implacable visant à faire passer les opposants pour d'affreux ringards accrochés à leurs privilèges. Christine Albanel et le ministre de la Culture de l'époque, Renaud Donnedieu de Vabres, se chargent du service après-vente de l'opération Debré en vantant les mérites de la restitution et les avantages pour le grand public.

Quels sont ces dignitaires de l'Assemblée nationale et du Sénat qui disposent en 2005 de la clé d'un appartement à Versailles, qu'ils utilisent ou non ? La plupart des témoins de l'époque sont curieusement affectés de trous de mémoire. Il y a évidemment les présidents des deux Chambres, ainsi que les questeurs de l'Assemblée nationale et du Sénat. « *Tous les directeurs avaient un appartement* », insiste Jean-Louis Debré. « *Il y avait des directeurs* », se souvient sans plus de précision Christine Albanel, bien placée pourtant à l'époque pour savoir qui logeait au château. « *En plus des appartements des parlementaires, l'Assemblée avait des logements pour ses quatre permanents sur place* », minimise un haut fonctionnaire du Palais-Bourbon. Il n'y avait, selon lui, que trois agents, pour surveiller et entretenir les locaux, et le directeur du musée du Parlement. Les secrétaires généraux disposaient aussi d'un logement. Une certitude cependant, les appartements représentaient la coquette surface de 4 200 mètres carrés sur un total de 25 000. Le reste était composé de bureaux, souvent attribués aux différents caciques de l'Assemblée et du Sénat, qui ne les occupaient que lors des rares séances du Congrès. Outre le grand hémicycle où se réunit le Congrès, un nombre important de salles était utilisé pour stocker des archives et du mobilier. Lors du débat à l'Assemblée, un député ironise par exemple sur la présence d'une collection complète de la *Pravda* ! « *Une rapide visite et un court séjour permettent de constater que ces appartements sont presque toujours inoccupés, et ce depuis des années. Dans ces conditions, ils ne présentent guère d'utilité pour l'Assemblée* », souligne à l'époque le député René Dosière. Jean-Louis Debré ne manque pas d'avancer un autre argument pour rendre Versailles : « *Les Assemblées doivent se concentrer sur ce qui est l'essence même de leur mission – représenter, légiférer, contrôler – et elles n'ont pas vocation à gérer un patrimoine historique dont elles n'ont ni la propriété ni l'usage quotidien. En particulier, elles n'ont pas les moyens d'entretenir comme il le faudrait la totalité des façades, cours et toitures de ces bâtiments dont la conservation s'inscrirait plus logiquement dans le programme général d'entretien de l'établissement public du domaine national et du château de Versailles*[1]. »

Dans cette affaire, le Sénat, droit dans ses bottes, se caricature à merveille. « *Démagogie de l'Assemblée* », « *Nuit du 4 Août au petit pied* »... Lorsque le temps vient pour les sénateurs d'examiner la proposition de loi Debré, les noms d'oiseaux fusent. Une véritable guérilla s'engage, non pas pour rejeter frontalement le texte, mais pour le vider de sa substance. Certains sénateurs comme le centriste Yves Détraigne font tout de même part de leurs interrogations en séance. « *Je dois tout d'abord confesser que c'est à l'occasion de l'examen de ce texte par l'Assemblée nationale que j'ai*

1. Exposé des motifs de la proposition de loi.

découvert que le Parlement disposait, de manière permanente, de 25 000 mètres carrés de locaux à Versailles. J'en ai été d'autant plus surpris quand j'ai appris que, parmi ces locaux, se trouvaient des appartements mis à la disposition de divers dignitaires des deux Assemblées », s'insurge-t-il, sans émouvoir outre mesure ses collègues dont le plus virulent reste Michel Charasse. L'élu du Puy-de-Dôme fait preuve d'une imagination sans limites pour démonter les arguments de Jean-Louis Debré. En séance, il invoque l'article 40 de la Constitution qui empêche le Parlement de voter de nouvelles dépenses sans contrepartie. Quel rapport ? Selon l'ancien ministre du Budget de François Mitterrand, l'affectation de ces locaux et le transfert de leur entretien au ministre de la Culture vont alourdir la facture de l'État. Autre grief, les deux Assemblées seront obligées de louer de nouveaux locaux ailleurs pour stocker les kilomètres d'archives entassées au château ! Par esprit de vengeance, mesquinerie ou excès de précaution, le Sénat fait inclure dans la loi l'interdiction de réattribuer les logements retombés dans l'escarcelle de l'établissement public ! « *Nous estimons que ces locaux doivent être libérés, non pour résoudre la crise du logement en général ou celle des fonctionnaires en particulier, mais pour être rendus au public*[1] », lance Josselin de Rohan (UMP). « *Il ne faudrait pas, selon moi, se séparer*

1. Séance du 10 mai 2005 (Sénat).

de ces locaux pour les transformer à nouveau demain en appartements, mais cette fois d'une façon permanente, alors que, aujourd'hui, ils ne sont utilisés que très rarement », renchérit Michel Charasse.

Si de nombreux parlementaires, surtout des sénateurs, rechignent à lâcher Versailles, ce n'est pas uniquement pour de mauvaises raisons. L'histoire du Parlement français est intimement liée au château et à ses annexes. C'est dans la salle des Menus Plaisirs, le 17 juin 1789, que les députés du Tiers état ont pris le nom d'« Assemblée nationale ». Le 20 juin, ils se réunissent dans la salle du Jeu de paume où est proclamé le fameux serment, lu par Jean-Sylvain Bailly, premier président de l'Assemblée nationale. Installé ensuite à Paris, le Parlement retrouve Versailles en 1871, après avoir siégé à Bordeaux en raison de la situation militaire. La capitale étant jugée peu sûre du temps de la Commune, les débuts de la IIIe République se font à Versailles, symbole à la fois de la monarchie, de l'Ancien Régime et de la Révolution. Les députés tiennent d'abord séance dans l'opéra royal du château et, après la création d'une deuxième Chambre, le Sénat, en 1875, les nouveaux élus y siègent à leur tour. Les députés s'installent alors dans l'aile du Midi où est construit un vaste hémicycle qui peut accueillir 1 500 personnes – parlementaires et public. Depuis le retour des députés et des sénateurs dans la capitale en 1879, cette salle des séances ne sert que pour les réunions du Congrès. Lors de ces grand-messes parlementaires, députés et sénateurs modifient la Constitution et, jusqu'à l'élection du président de la République au suffrage universel, élisaient le chef de l'État. Depuis la réforme constitutionnelle de 2008, le Président peut de nouveau s'adresser directement aux parlementaires, mais il ne peut le faire que dans la salle du Congrès.

L'attachement des élus du peuple à Versailles est tel qu'un musée des Grandes Heures du Parlement y a été ouvert en 1995 dans l'aile du Midi, à l'initiative de Philippe Séguin. Les visiteurs pouvaient y admirer des documents et objets venus pour l'essentiel de la bibliothèque de l'Assemblée nationale. Pour amadouer les parlementaires, Jean-Louis Debré inscrit dans l'exposé des motifs de sa proposition de loi qu'il « *appartiendrait à l'Assemblée nationale et à l'établissement public de Versailles de déterminer conventionnellement quel sera le statut futur du musée* ». Lors du débat, des sénateurs ont beau rappeler que ce lieu est le seul où est rendu hommage aux quatre-vingts parlementaires qui n'ont pas voté les pleins pouvoirs à Pétain en 1940, il est fermé définitivement en 2006. Pas question pour l'Assemblée qui manquait déjà de place de consacrer un mètre carré à ce musée qui n'avait pas les faveurs de Jean-Louis Debré. Aujourd'hui, Michel Charasse a tout loisir de rappeler sa promesse à l'ancien président de l'Assemblée puisque les deux hommes se côtoient désormais au Conseil constitutionnel.

Jean-Louis Debré, craignant jusqu'au bout un tour de passe-passe des parlementaires – il soupçonnait certains hauts fonctionnaires de l'Assemblée de comploter avec les sénateurs pour faire capoter le projet –, porte sa proposition de loi, présidant lui-même les séances. Quant aux questeurs de l'Assemblée, *« ils n'osaient pas trop parler, ils étaient gênés »*, se souvient Jean-Louis Debré. Et pour cause, ce sont eux, Henri Cuq, Claude Gaillard et Didier Migaud, qui ont fait passer un amendement deux ans plus tôt pour graver dans le marbre, c'est-à-dire dans la loi, le rattachement au Parlement d'une partie du château !

Le Sénat se laisse finalement tordre le bras et vote le texte. La loi est promulguée le 26 juillet 2005. Hormis l'hémicycle qui reste sanctuarisé, c'est-à-dire attribué à l'Assemblée et au Sénat, le reste est transféré à l'établissement public du château. Des fonctionnaires chargés des affaires immobilières de l'Assemblée vont de temps en temps visiter la salle du Congrès pour s'assurer que tout va bien, mais plus aucun agent n'y est affecté. Les factures d'entretien sont réglées par l'Assemblée nationale qui fait office de bureau du Congrès.

Au ministère de la Culture qui se voit attribuer 25 000 mètres carrés du château, l'enthousiasme est modéré. *« En réalité, l'établissement public n'était pas demandeur pour récupérer une telle surface du jour au lendemain,* se souvient un haut fonctionnaire de l'Assemblée. *Le deal est le suivant : les deux Chambres quittent les lieux, et l'établissement public récupère les charges qui vont avec. De plus, la convention s'est révélée contraignante puisque, à chaque réunion du Congrès, Versailles doit laisser à disposition les salles proches de l'hémicycle et faciliter l'accès. C'est délicat à gérer pour un établissement qui utilise les locaux à des fins de musée. C'est comme si vous disiez au Louvre : " On le veut dans huit jours, démerdez-vous ! "* » Jean-Jacques Aillagon, successeur en 2007 de Christine Albanel à la présidence de l'établissement public, s'est plaint que les locaux de l'aile du Midi ne peuvent être en rien modifiés : « *Cette disposition contraindra fortement les projets d'aménagement que le château mettra en œuvre ultérieurement dans ces espaces*[1]. » Il n'hésite pas à déplorer l'état des façades cédées et va jusqu'à demander de l'argent en 2008 au président de l'Assemblée nationale, lui suggérant de se servir dans la réserve parlementaire ! « *Les locaux que nous avons récupérés étaient bien entretenus*[2], tempère de son côté Christine Albanel. *L'appartement du président de l'Assemblée venait d'être refait. Globalement, c'était même largement au-dessus de ce que nous pouvions*

1. Jean-Jacques Aillagon, *Versailles en 50 dates*, Albin Michel, 2011.
2. Entretien avec l'auteur, le 19 septembre 2012.

faire car l'Assemblée et le Sénat avaient beaucoup plus de moyens que l'établissement public. » Mais, avec du recul, l'ancienne présidente reconnaît que la démarche de Jean-Louis Debré consistait surtout à faire des économies. « *Il est clair que, avec la rénovation du 101, rue de l'Université, il voulait se délester d'un poids financier et d'un poids politique.* » Soucieuse de tenir les engagements et d'ouvrir un maximum de surfaces nouvelles au public, Christine Albanel se focalise sur l'aile des Ministres, avec la création d'un nouvel accueil. Trop compliqué, trop coûteux, le projet a été abandonné. Versailles a certes été rendu au public dans les textes, mais, dans les faits, la plupart des espaces qu'occupait le Parlement restent encore fermés en 2012.

L'habitude de loger les députés et les fonctionnaires est bien ancrée dans la culture de l'Assemblée nationale, et pas seulement à Versailles. Le Palais-Bourbon a fidèlement reproduit les us et coutumes de la grande demeure aristocratique qu'il a été au XVIIIe siècle. « *Dans le temps, on fonctionnait comme une grande maison qui logeait son personnel,* reconnaît un directeur, *mais ce temps-là est révolu.* » Pas depuis très longtemps si l'on en croit Richard Mallié, questeur de 2007 à 2012. « *Le ménage a commencé sous Debré en 2002, et nous l'avons fini* [1] », assure l'ancien député UMP qui n'en dira pas plus.

1. Entretien avec l'auteur, le 13 septembre 2012.

Si le passé récent relève quasiment du « secret défense », la situation actuelle semble en effet assainie. Les élus et fonctionnaires de l'Assemblée nationale disposant d'un appartement de fonction se comptent sur les doigts des deux mains. Outre le président, logé à l'hôtel de Lassay, les trois questeurs ont droit chacun à un bel appartement de réception situé juste à côté. Les autres personnes qui ont le privilège d'être logées sur place sont des fonctionnaires. Deux d'entre eux font partie du personnel technique de haut niveau et leur présence permanente est jugée indispensable : le chef du département électrique et celui du département climatique. Même astreinte confortable pour le commandant militaire du Palais et le médecin, mais ces derniers doivent déménager en 2013 du Palais-Bourbon pour s'installer au 233, boulevard Saint-Germain. Le directeur de cabinet du président qui a longtemps été logé ne l'est plus depuis 2005. Reste le cas des deux secrétaires généraux qui disposent l'un et l'autre d'un magnifique 400 mètres carrés. La seule à l'utiliser est la secrétaire générale de la présidence, Corinne Luquiens, à la demande expresse du président. C'est Bernard Accoyer qui avait exigé du premier de ses fonctionnaires qu'il logeât sur place. En cas d'incident de séance, à n'importe quelle heure du jour ou de la nuit, cette spécialiste du règlement serait là pour indiquer la marche à suivre ou prodiguer ses précieux conseils.

« *Quand Accoyer a imposé que la secrétaire générale habite sur place, moi, ça m'a tué!* s'emporte l'ancien questeur Richard Mallié. *Franchement, on n'est pas en période révolutionnaire. Si des députés chantent la* Marseillaise *à la tribune, ce n'est pas la secrétaire générale qui va les arrêter!* » explique l'ex-député des Bouches-du-Rhône. Pourtant comme son prédécesseur, Claude Bartolone a imposé cette contrainte à sa « SG ».

La peur de l'événement grave, de l'imprévu, une bonne connaissance de l'histoire de l'Assemblée nationale aussi conduisent souvent les parlementaires à surprotéger l'institution. Qu'est-ce qui justifie aujourd'hui que les trois questeurs, responsables de l'administration et des finances de l'Assemblée, bénéficient d'un appartement de fonction? Oser poser la question revient presque à insulter la fonction. L'attribution de ces logements est écrite noir sur blanc dans l'article 15 du règlement de l'Assemblée. Un haut fonctionnaire rappelle que, lors du coup d'État du 2 décembre 1851 qui renversa la République, les questeurs furent arrêtés. Toujours au XIXe siècle, les questeurs devaient demander la permission lorsqu'ils ne passaient pas la nuit au Palais-Bourbon. Aujourd'hui, ce sont des députés presque comme les autres. Élus en province, cumulant parfois leur mandat de parlementaire avec un mandat local, ils ne dorment que deux ou trois nuits par semaine à l'Assemblée, dans la partie privée de leur immense appartement de réception. Hors session parlementaire, ils n'y mettent les pieds qu'en cas de nécessité ou de passage à Paris. Un logement, avec personnel de maison, qui permet surtout de rendre des services. Les questeurs sont en effet sollicités par les autres députés, à qui ils prêtent volontiers leurs appartements pour des réunions ou des pots amicaux. Jean-Louis Debré a caressé un temps l'idée de transformer ces logements en locaux de réception, mais il n'a pas été suivi.

Même si, au fil du temps, habiter au Palais-Bourbon est apparu comme un privilège, le personnel de l'Assemblée nationale s'est longtemps persuadé que cela relevait d'une nécessité absolue. Il y a toujours quelqu'un pour rappeler que, en 1910, lors de la crue de la Seine, si la Chambre des députés a continué de fonctionner presque normalement, c'est parce que le Palais-Bourbon était habité. « *Comment ferait-on aujourd'hui, si la Seine débordait ? Croyez-vous que les agents viendraient travailler en barque ? L'Assemblée nationale ne siégerait plus jusqu'à la décrue* », prévoit ce directeur.

Qu'il est loin le temps où les questeurs décidaient pour des raisons de service d'attribuer, en 1850, 104 logements au personnel. En tout, 300 personnes vivaient en permanence au Palais-Bourbon et dans ses annexes. Le deuxième étage, noble, était réservé aux chefs de service et aux administrateurs (appelés alors commis), tandis que le troisième étage était réservé aux agents moins gradés. Il y avait tellement de monde que les questeurs avaient rédigé un quasi-règlement de copropriété. Les enfants ne devaient pas « *jouer ou errer dans les cours* », et les quatorze chiens recensés en 1903 par l'adjudant du Palais « *devaient être muselés et tenus en laisse* [1] ».

1. « Les Questeurs de 1803 à 2012 », brochure éditée par l'Assemblée nationale.

VI

PERCHOIR OU CAGE DORÉE

C'est aussi cela le charme de l'Assemblée nationale : même les plus anciens députés, ceux qui pensent tout connaître du Palais-Bourbon, le découvrent sous un angle nouveau selon le poste qu'ils occupent. Au sommet de la pyramide, le perchoir réserve bien des surprises à celui qui a l'honneur d'y accéder. Passé l'éblouissement des premières semaines à l'hôtel de Lassay où il travaille et loge, le nouveau président de l'Assemblée s'aperçoit vite que son pouvoir est limité et surtout très encadré.

Le maître des lieux doit composer avec les trois questeurs. Rarement des députés vedettes, ce sont plutôt des élus de terrain, des notables diront certains, qui ont compris l'intérêt stratégique de ce poste en apparence technique. Reconduits tous les ans par leurs pairs, ils sont, sauf accident, installés à la questure pour la durée de la législature, c'est-à-dire cinq ans. Cette réélection annuelle les contraint à entretenir de bonnes relations avec leurs collègues, de tous bords politiques, et aussi avec l'administration de l'Assemblée. Piliers de la maison, les questeurs, deux issus de la majorité, un de l'opposition, sont condamnés à s'entendre puisque le consensus est la règle. Comme chaque décision doit être prise à l'unanimité, chacun dispose d'un droit de veto qui n'est jamais utilisé. Ce système paralysant est source de conflits avec le président qui, lui, se sent toujours plus libre et ne comprend pas les atermoiements de ses trois collègues. Cette impatience ou ces désaccords s'expriment généralement de manière feutrée lors de la réunion hebdomadaire dite de questure. Un rituel immuable réunit tous les mercredis, outre les trois questeurs, les deux secrétaires généraux, le directeur général des services administratifs, le directeur du service de l'administration générale et de la sécurité et le directeur de cabinet du président chargé de relayer la parole de Lassay. Bernard Accoyer, comme son successeur Claude Bartolone, n'y assiste pas, contrairement à Jean-Louis Debré. Question de style et de volonté.

Qui commande à l'Assemblée nationale ? Deux mondes, un politique et un administratif, se regardent en chiens de faïence. L'organisation des séances et des commissions est gérée par un secrétaire général placé sous la responsabilité directe du président, tandis que les services purement administratifs dépendent du secrétaire général de la questure, lui-même sous la tutelle d'un collège de trois députés. Quand on sait que certains services comme celui des ressources humaines sont sous l'autorité conjointe des deux secrétaires généraux, lesquels, même celui de la présidence, sont nommés par le bureau de l'Assemblée, c'est-à-dire la plus haute autorité collégiale, où siègent le président, les deux vice-présidents, les trois questeurs et douze secrétaires, tous députés, on comprend que le pouvoir est partagé, donc dilué. La première erreur donc pour le président de l'Assemblée nationale nouvellement élu : croire qu'il est le maître de la maison.

Bien sûr, aucun président ne reconnaît que son pouvoir est limité. Dans le bras de fer permanent, plus ou moins courtois selon les époques, auquel se livrent présidence et questure, le locataire de Lassay se donne souvent le beau rôle. Jean-Louis Debré, président de 2002 à 2007, estime ainsi avoir « *étouffé la questure*[1] ». Comment ? En s'intéressant de près au fonctionnement de l'Assemblée et en s'imposant à la réunion hebdomadaire de la questure. Lors des réunions du bureau, le président n'hésitait pas à présenter lui-même les dossiers du jour alors que c'est traditionnellement le rôle des questeurs. Avec le recul, Jean-Louis Debré a la dent dure pour la questure : « *Avec ce système de trois questeurs qui ne veulent pas déplaire car ils sont réélus tous les ans, qui dirige vraiment ? Ce ne sont pas les politiques, c'est le secrétariat général de la questure ! Cette*

1. Entretien avec l'auteur, le 22 juin 2012.

maison se croit administrée par les députés, mais ce n'est pas le cas. Les questeurs sont des marionnettes, et c'est l'administration qui s'autogère. »

Profitant de ce supposé vide politique, afin de ne pas laisser les rênes aux fonctionnaires de l'Assemblée nationale sur la gestion quotidienne, le président Debré a joué des coudes. « *Si le président le souhaite, il fait ce qu'il veut,* tranche l'actuel président du Conseil constitutionnel. *Tout est fait pour que la présidence de l'Assemblée soit tenue à l'écart des affaires courantes au motif, bien sûr, que c'est au-dessous de son niveau.* » Le locataire de Lassay ne va quand même pas mettre les mains dans le cambouis !

Bernard Accoyer, président de l'Assemblée nationale de 2007 à 2012, a cru, lui aussi, détenir le pouvoir. L'ancien questeur UMP Richard Mallié reconnaît une « *lutte d'influence* » entre la présidence et la questure. « *Il y a eu des frictions avec Bernard Accoyer*, se souvient l'ex-député des Bouches-du-Rhône. *Maire depuis longtemps, il est arrivé avec ses habitudes de maire, à la fois président du conseil municipal et patron de l'exécutif. Or le président de l'Assemblée préside le bureau. Mais l'exécutif en matière de personnel et de finances, c'est le collège des questeurs.* »

Tout semble fait pour susciter des conflits et éprouver les nerfs. Sur les embauches de fonctionnaires, le président et les questeurs apposent leur signature, mais l'évolution de carrière dudit fonctionnaire sera du ressort exclusif de la questure. Sujet plus sensible, le président choisit effectivement les membres de son cabinet mais, comme pour tous les contractuels de la maison, c'est la questure qui signe les contrats. En pratique, sur la composition de la garde rapprochée, les affrontements sont rares, mais ils restent théoriquement possibles.

Sur les questions budgétaires, le président est mis carrément hors-jeu puisque les deniers de la maison sont gérés par les questeurs. Le budget est du ressort de ce collège tout-puissant qui remet chaque année son rapport à une commission d'apurement des comptes, où siège une vingtaine de députés mais pas le président ! Certes dans cette maison très hiérarchisée, la parole du président pèse son poids et lorsque, en 2012, Bernard Accoyer a décidé de réduire de 3 % la dotation attribuée chaque année à l'Assemblée, il n'a pas rencontré de difficultés pour faire passer l'amendement, cosigné par les trois questeurs. Face à la tribune médiatique qu'offre la fonction de président, les députés gestionnaires, souvent dans l'ombre, ne peuvent pas lutter même s'ils disposent d'un réel pouvoir de nuisance.

Le rôle des deux plus hauts fonctionnaires de l'Assemblée, c'est-à-dire les secrétaires généraux, est capital lorsqu'il s'agit d'attiser les tensions – ou au contraire de les apaiser. Jusqu'à un passé récent, les relations entre les deux

« SG » ont plutôt été tendues. « *Le secrétaire général de la présidence a tendance à dire au président : c'est vous le patron. Et, du coup, ce dernier a tendance à déborder de ses prérogatives* », souligne Richard Mallié qui se souvient du secrétaire général, Yves Michel, en poste jusqu'en 2010. Le vrai patron serait donc le bureau de l'Assemblée au nom duquel les questeurs agissent par délégation. Cette dilution des pouvoirs conforte la devise « *Diviser pour mieux régner* », qui s'applique à merveille à cette maison.

Heureusement, depuis 2010 et le remplacement des deux secrétaires généraux, l'atmosphère en interne est plus respirable. Le rééquilibrage au profit de la présidence, imposé par les coups de menton de Jean-Louis Debré puis par quelques réformes de structure opérées par Bernard Accoyer, semble aujourd'hui acté. Même si l'organisation est toujours propice aux conflits, la personnalité des deux secrétaires générales, Corinne Luquiens pour la présidence, et Danièle Rivaille pour la questure, a permis de « *mettre de l'huile dans les rouages* », selon l'expression d'un haut fonctionnaire. Ces deux femmes de caractère, fonctionnaires de l'Assemblée nationale sans interruption depuis les années 1970, ayant pu constater les dégâts causés par la guerre des services, ont préféré jouer l'apaisement.

Bernard Roman, premier questeur depuis juin 2012, tranche un peu avec le profil habituel de ses collègues. Lui-même se reconnaît « *plus politique* » et, à ce titre, moins au fait des guéguerres internes de la maison. Aussi incroyable que cela puisse paraître, le député de Lille confesse : « *J'ai appris qu'il y avait deux secrétaires généraux quand je suis devenu questeur. Je pensais qu'il y avait une direction de la questure*[1]. » Député sans interruption depuis 1997, alors qu'il a présidé de 2000 à 2002 la commission des lois, il n'a donc jamais eu vent de l'éternel débat interne autour du secrétariat général unique, le débat que même le bouillonnant Jean-Louis Debré n'a jamais réussi à instaurer. Bernard Accoyer était sur cette ligne en 2007 mais, à la suite de l'affaire de l'audit de la Cour des comptes[2], il a baissé les bras. Aujourd'hui, Jean-Louis Debré juge assez sévèrement son successeur au perchoir. Pour lui, tout aveu de faiblesse vis-à-vis de la questure se paye « cash ». « *Au début, je lui ai dit plusieurs fois d'assister lui-même aux réunions de questure, il n'a jamais voulu*[3] », se désole-t-il.

Il reproche notamment à son ancien collègue UMP d'avoir cédé sur le cas Yves Michel, secrétaire général de la présidence de 2003 à 2010. Dans le collimateur des questeurs depuis plusieurs années pour avoir bataillé en faveur de la fusion des deux secrétariats généraux, Yves Michel était un protégé de Jean-Louis Debré. En 2007, le « SG » est

1. Entretien avec l'auteur, le 18 septembre 2012.
2. Voir chapitre I.
3. Entretien avec l'auteur, le 22 juin 2012.

resté à son poste, mais les relations étaient moins amicales avec Accoyer.

Début 2010, Yves Michel, qui, approchant les soixante-sept ans, a atteint la limite d'âge, s'attend à être prolongé à son poste. Le règlement de l'Assemblée le permet, et Bernard Acccoyer le lui a promis. Mais un grain de sable vient gripper la machine. Les questeurs veulent la peau d'Yves Michel. Soucieux d'éviter un affrontement, voire un camouflet, lors de la réunion du bureau, le président de l'Assemblée renonce à le reconduire. Le cas Michel n'est pas examiné et il est mis à la retraite. « *Ce jour-là, j'ai compris qu'Accoyer n'avait pas le pouvoir*, tranche Jean-Louis Debré. *Tout le monde savait qu'il lui avait promis. Comment voulez-vous avoir de l'autorité quand vous n'arrivez pas à imposer votre collaborateur ?* » Sur cet épisode, Bernard Accoyer ne s'étend pas, soulignant juste qu'entre « *un président de l'Assemblée nationale et son premier collaborateur, les choses peuvent parfois être extrêmement intenses* ». Yves Michel obtiendra un lot de consolation. L'ex-président de l'Assemblée le nomme en 2011 membre du collège en charge de la lutte contre les discriminations et de la promotion de l'égalité auprès du Défenseur des droits, Dominique Baudis, en qualité de personnalité qualifiée.

Alors que les relations entre la présidence et la questure semblent aujourd'hui pacifiées, le règlement de l'Assemblée nationale ne met pas les questeurs et l'administration à l'abri d'un accès d'autoritarisme de l'hôtel de Lassay. La période Debré a laissé des traces. L'ancien juge se prenait volontiers pour un super-questeur, se mêlant de tout, jusque dans les moindres détails. Dans un souci d'esthétique et de respect du patrimoine, il avait interdit aux chauffeurs de l'Assemblée nationale de garer leur berline dans la cour Montesquieu. En 2007, une fois Debré parti, les questeurs rétabliront l'autorisation. C'est également sous son règne que fut interdite la vente de cigarettes au kiosque à journaux de l'Assemblée. Les questeurs soumis à de multiples pressions tentèrent mollement de résister. Contrairement aux voitures dans la cour, le tabac n'est pas revenu au Palais-Bourbon.

À écouter Claude Bartolone et Bernard Roman, surtout depuis juin 2012, c'est la lune de miel entre la présidence et la questure. Les deux hommes se connaissent bien, s'apprécient et se parlent souvent. « *Il n'y a pas de pouvoir bicéphale,* confie le premier questeur, *d'autant moins qu'il y a une harmonie dans les décisions. Structurellement, c'est vrai qu'il pourrait y avoir des difficultés mais là il n'y en a aucune.* » Pour Bernard Roman, « *le questeur doit mettre en musique les orientations du président*[1] ». La phrase sonne bizarrement aux oreilles des fonctionnaires qui dépendent de la ques-

1. Entretien avec l'auteur, le 18 septembre 2012.

ture, mais elle marque peut-être un changement de cap dans la gouvernance de l'Assemblée nationale.

Là encore, la hiérarchie, le double secrétariat général, le règlement, le poids de l'histoire n'altèrent pas la capacité des dirigeants élus de l'Assemblée nationale à laisser leur empreinte. Ainsi, le président de l'Assemblée, même s'il n'a pas tous les pouvoirs dans la maison, joue volontiers le monarque en son palais. Dans l'histoire récente, de Laurent Fabius, président à deux reprises – de 1988 à 1992, puis de 1997 à 2000 – à Philippe Séguin, en passant par Raymond Forni, Jean-Louis Debré, Patrick Ollier, durant quelques semaines en 2007, Bernard Accoyer et depuis juin 2012 Claude Bartolone, tous se sont retrouvés au perchoir avec quelques arrière-pensées. Tremplin ou poste d'attente pour Fabius et Séguin, la présidence de l'Assemblée a été une récompense pour Bernard Accoyer, chiraquien devenu fervent sarkozyste.

Pour Jean-Louis Debré, ce fut le sommet attendu d'une carrière politique inégale. Presque une renaissance pour celui qui fut contesté comme ministre de l'Intérieur puis comme président du groupe RPR à l'Assemblée de 1997 à 2002, transformé en chien de garde de la droite durant la cohabitation. Parvenu au perchoir par la volonté de Jacques Chirac, réélu à l'Élysée en 2002 dans les conditions que l'on sait face à Jean-Marie Le Pen, Jean-Louis Debré s'est tout de suite senti dans son élément au Palais-Bourbon. « *Ce fut une bonne période car la présidence de l'Assemblée nationale n'était pour moi ni le moyen d'atteindre autre chose, ni un lot de consolation, ni un marche-pied* », reconnaît-il. L'immense fierté qu'il a ressentie lorsqu'il a été élu à la présidence lui a donné l'énergie de s'y consacrer entièrement. En accordant des droits à l'opposition, en ne votant aucun texte comme président, se plaçant ainsi au-dessus de la mêlée, Jean-Louis Debré a réussi à redorer son image, incarnant l'institution jusqu'à la caricature lorsqu'il s'est mis à dessiner lui-même les gadgets en vente à la boutique de l'Assemblée.

Hormis ce cas atypique, les autres présidents ont surtout cherché à rénover le travail parlementaire, à protéger l'institution, mais aussi à soigner leur image et entretenir leurs réseaux. La droite a beaucoup raillé à l'époque le « *socialisme hôtelier* » de Laurent Fabius qui recevait beaucoup à l'hôtel de Lassay. Il faut être blasé pour rester insensible au protocole qui entoure le président de l'Assemblée nationale. La haie d'honneur des gardes républicains jusqu'à l'entrée de l'hémicycle se reforme à chaque séance du mardi et du mercredi après-midi. Accompagné par des huissiers en grande tenue, avec épée et bicorne, le président ne touche pas terre. Le quatrième personnage de l'État dans l'ordre protocolaire, s'il n'y prend pas garde, peut se laisser griser. Les salons somptueux, le jardin, les cuisines, la cave à vins de l'hôtel de Lassay font de ce palais de la République l'un des plus convoités.

Les moyens qui lui sont accordés généreusement par la questure contribuent à couper le président de la vraie vie. Une cinquantaine de fonctionnaires de l'Assemblée sont affectés à la présidence, dont des chauffeurs, des huissiers et du personnel de maison. À ceux-là s'ajoutent les membres du cabinet du président. Fin 2011, selon le bilan fourni par les questeurs à la commission d'apurement des comptes de l'Assemblée, l'enveloppe dépensée pour le seul personnel contractuel de la présidence s'élevait à 2,1 millions d'euros. Fin 2010, les frais de réception atteignaient 595 757 euros ! Le président, qui dispose à Lassay d'un confortable appartement privé, peut se demander dans quelle mesure le luxe où il baigne n'est pas la contrepartie d'un pouvoir relatif. « *L'organisation de l'Assemblée nationale est pensée de telle manière que le président est tenu à l'écart des finances, de l'administration. Les questeurs lui attribuent sans sourciller des moyens confortables et le relèguent à Lassay* », résume un fin connaisseur de la maison. En vérité, celui qui croit s'installer au perchoir se retrouve dans une cage dorée.

Quant aux questeurs, logés sur place, dotés de moyens supérieurs à ceux de leurs collègues députés, ne vivent-ils pas eux aussi dans une bulle ? Même si leur tâche semble aride, voire ingrate, le confort et le prestige qu'offre le poste poussent immanquablement les questeurs à s'en servir pour accroître leur influence. Leurs grands appartements servent surtout de salles de réception. L'huissier en queue-de-pie qui fait patienter le visiteur impressionne. Le personnel, le doigt sur la couture du pantalon, donne aux questeurs aussi le sentiment que le vrai pouvoir est entre leurs mains. Un leurre, car les dorures et les courbettes dissimulent en réalité les leviers dont disposent les hauts fonctionnaires de l'Assemblée. Ces derniers savent bien que le président comme les questeurs, pris par d'autres obligations et souvent d'autres mandats électifs, ne passent pas leur vie au Palais-Bourbon. Ce qui leur laisse peu de temps à consacrer au fonctionnement de la maison. Soucieux de ne pas laisser l'administration piloter l'institution, l'ex-questeur Richard Mallié ne s'est pas fait que des amis parmi les hauts fonctionnaires de l'Assemblée nationale, et certains se sont réjouis de sa défaite aux législatives en juin 2012. À la question de savoir s'il avait eu l'impression parfois de se faire forcer la main par les technocrates du Palais-Bourbon, Richard Mallié répond : « *Oui, au début. Mais, après, une fois que l'administration a compris, elle est contente d'être cadrée. Mais c'est vrai qu'elle aime bien tester*[1]. »

1. Entretien avec l'auteur, le 13 septembre 2012.

VII

PETITES ÉCONOMIES ET GROSSES COMBINES

L'Assemblée nationale a longtemps dépensé sans compter. Au Palais-Bourbon, il existe une règle d'or : aucune préoccupation matérielle ne doit gêner ou entraver le travail du législateur. Les questeurs qui tiennent les cordons de la bourse sont là pour l'appliquer à la lettre. Et même si la dotation de l'État a été gelée en 2007, puis légèrement réduite depuis 2012, la maison des députés reste à l'abri du besoin.

Durant les années fastes, l'Assemblée nationale est parvenue, sans se priver, à se constituer un authentique trésor de guerre. Il faut se plonger dans les méandres du bilan de l'institution, interdit au grand public, pour l'évaluer précisément. Fin 2011, outre la coquette somme de 45 millions d'euros de trésorerie, l'Assemblée disposait de 142,22 millions d'euros d'obligations et autres droits à créances, déposés dans des fonds communs de placement gérés par deux grandes banques. Cette confortable réserve fait évidemment des petits et si l'Assemblée avait décidé de liquider ces placements, elle aurait, fin 2011, encaissé 239 millions. Certes, durant les années 2000, le Palais-Bourbon a puisé dans ses réserves pour payer ses investissements immobiliers, mais un coup d'œil au bilan de 2001 montre que les placements obligataires atteignaient à l'époque 181 millions. Avec 40 millions de moins dans le bas de laine aujourd'hui, compte tenu des rénovations et acquisitions d'immeubles effectuées depuis dix ans, l'Assemblée nationale a plutôt bien géré ses économies et ne s'est pas déplumée.

Il faut dire que, généreux en interne, les gestionnaires de la maison sont coriaces en affaires et particulièrement doués pour obtenir de l'État plus qu'il n'en faudrait. L'Assemblée réalise d'ailleurs chaque année un bénéfice – 50,1 millions en 2009 ; 31,5 millions en 2010 ; 20,56 millions en 2011 – ce qui est tout à son honneur par les temps qui courent. Plus fâcheux, le Palais-Bourbon se garde bien de restituer à Bercy ce trop-perçu. Comme il n'y a pas de petits profits, les 500 et quelques millions d'euros que le Trésor public lui verse chaque année, en une fois, sont aussitôt placés et rapportent plusieurs millions d'intérêts, jusqu'à 11 millions en 2008 et 3,49 millions en 2011. Parmi ces « produits extra-budgétaires », encaissés ni vu ni connu par l'Assemblée, figurent aussi les intérêts – 1,53 million en 2011 – des prêts consentis par la maison au personnel et aux députés. Car aux copieux placements, il faut ajouter les 127 millions d'encours de prêts accordés dans le cadre du métier caché de l'Assemblée, celui de banquier [1].

Au total, le Palais-Bourbon dispose d'un tas d'or de plus de 300 millions d'euros. De quoi vivre près de sept mois sans toucher un centime de la dotation de l'État. Ces sommes permettent de relativiser les efforts consentis par l'Assemblée nationale ces dernières années. En 2007, alors que le gouvernement Fillon lançait la révision générale des politiques publiques et ses mesures d'économies sur le train de vie de l'État, Bernard Accoyer tenta sa propre RGPP, avec le soutien plus ou moins enthousiaste des questeurs. L'ex-président de l'Assemblée n'est pas peu fier d'avoir permis 180 millions d'euros d'économies en acceptant de geler la dotation de l'État. Un effort, selon lui, sans précédent pour l'institution. L'ancien questeur UMP Richard Mallié souligne que la tâche n'a pas été surhumaine, car « *il y avait du gras* [2] » dans les dépenses. Et puis certaines opérations ont permis de puiser indirectement dans l'épargne de l'Assemblée pour maintenir son train de vie. Ainsi lorsque l'Assemblée a racheté l'immeuble « Las Cases [3] », payé comptant en tapant dans les réserves, elle a économisé sur ses frais courants 5 millions d'euros de loyer annuel, ce qui correspond à 1 % du budget total.

1. Voir chapitre II.
2. Entretien avec l'auteur, le 13 septembre 2012.
3. Voir chapitre IV.

En 2012, pour préserver les apparences d'une Assemblée nationale qui se serre la ceinture, les magiciens financiers du Palais-Bourbon ont exclu du champ des dépenses habituelles celles qui sont automatiquement générées par le renouvellement de la Chambre lors des élections législatives. Le chassé-croisé des députés défaits et rentrants a entraîné 35 millions d'euros de frais, selon le budget prévisionnel qui comptabilise, pêle-mêle, le réaménagement des bureaux, l'équipement informatique des nouveaux élus, les primes de licenciement des collaborateurs de députés battus. Pour ces dépenses inhabituelles mais hautement prévisibles, l'Assemblée nationale ne s'est pas embarrassée à faire des économies sur d'autres postes. Elle a tout simplement puisé 26 millions dans sa réserve d'épargne. Un tour de passe-passe qui lui permet de claironner que, hors renouvellement, les dépenses de fonctionnement ont diminué de 2,5 % en 2012, alors qu'elles ont bondi en réalité de près de 4 %.

S'il est injuste d'affirmer que rien n'a changé au Palais-Bourbon, la volonté sincère de bousculer les pratiques se heurte parfois à la culture-maison. Habitués à ne rien refuser aux députés, qui en retour ne leur refusent rien, certains fonctionnaires de l'Assemblée ne comprennent pas pourquoi il faudrait faire attention aux dépenses. À peine élu en 2012, un des questeurs s'est heurté à cet état d'esprit.

En aménageant la partie privée de son appartement de fonction, Bernard Roman s'est rendu compte qu'il n'avait pas de Wi-Fi. Il a aussitôt prévenu les services compétents qui lui ont proposé une solution rapide, efficace mais très onéreuse. Coût prévu : 40 000 euros de travaux ! Effaré, le député a poliment refusé et suggéré qu'on lui branche une « box » de base, bien suffisante. L'administration de l'Assemblée a toujours le réflexe de fournir une prestation « cinq étoiles », sans se soucier du prix. L'ancien député Richard Mallié se souvient que, en 2007, alors qu'il venait de s'installer à la questure, un fonctionnaire lui a demandé quel nouveau modèle de voiture de fonction il désirait. « *J'ai répondu que la Peugeot 607 qui m'était affectée était vieille de plus de cinq ans, mais qu'elle me convenait*, relate l'ex-député UMP. *Dix jours plus tard, on m'a reposé la question, j'ai fait la même réponse. La troisième fois, je me suis énervé !* » Richard Mallié venait de comprendre que les personnalités de l'Assemblée nationale peuvent changer de voiture quand elles le veulent. Les fonctionnaires poussent même à la consommation.

La voiture de fonction, signe extérieur de pouvoir, est souvent pointée du doigt lorsqu'il s'agit de traquer les gisements d'économies. L'Assemblée qui s'est dotée d'un véritable parc automobile à partir de la Libération a été généreuse jusqu'à un passé récent. Aujourd'hui, plus aucun fonctionnaire n'est censé disposer d'un véhicule de fonction avec chauffeur attitré, mais le Palais-Bourbon possède, selon un pointage de 2011, 55 voitures et 6 monospaces affectés au transport des députés, des personnalités de l'Assemblée et des membres du cabinet du président, 14 véhicules de service, 11 voitures de réserve, une dizaine de motos pour le transport des plis officiels et, depuis peu, pour la touche écolo, une douzaine de vélos. Et, bien sûr, des chauffeurs pour faire tourner les moteurs : 53 agents recrutés par concours. Ces derniers forment un petit groupe de fonctionnaires très influent. Directement au contact des députés et des caciques de l'Assemblée, ils peuvent faire valoir leurs revendications dans l'intimité de l'habitacle. L'orientation récente des questeurs de réduire le standing des voitures, à défaut de tailler dans le parc automobile, n'a pas plu à la confrérie des chauffeurs. Il ne s'agissait pourtant pas de remplacer les grosses voitures confortables par des petites citadines peu adaptées à ceux qui passent leur journée dans leur véhicule, mais de choisir des moteurs moins gourmands en carburant. L'Assemblée s'est donc beaucoup équipée en diesel, plus sobre. Aujourd'hui, Claude Bartolone a promis de privilégier les véhicules hybrides et électriques même s'ils coûtent plus cher. De 2008 à 2010, la consommation de carburant du parc de l'Assemblée a donc été réduite de 23,5 %, mais les questeurs ont dû tenir bon face au lobby des chauffeurs. Richard Mallié se souvient avoir eu des discussions tendues avec quelques collègues présidents de groupes ou de commissions. « *Un jour, il y a un qui est venu me voir pour changer sa voiture de fonction,* se souvient l'ancien questeur[1]. *J'étais d'accord parce que son véhicule avait fait son temps mais le gars me dit : " Il me faut une boîte de vitesses automatique ". Je l'ai vu venir de loin parce que les boîtes automatiques, on en trouve surtout sur les grosses cylindrées.* » « *Tu la conduis souvent ta voiture?* » demande alors Richard Mallié. « *Jamais, c'est mon chauffeur qui conduit* », répond le député. « *Je lui ai dit d'aller se faire voir. C'est son chauffeur qui lui avait soufflé la combine pour obtenir une grosse cylindrée!* » La guerre des ego entre parlementaires se joue aussi sur la longueur de la voiture et sur la puissance du moteur.

Un chiffre permet de se rendre compte que ces voitures ne restent pas souvent dans le garage et sont largement utilisées, en dépit de la volonté affichée de faire des économies. Selon un rapport officiel de l'Assemblée[2], la flotte du parc automobile de l'Assemblée nationale a parcouru en 2010 un total de 1 350 897 kilomètres. Ce qui fait une moyenne de 14 219 kilomètres par véhicule, motos comprises. C'est beaucoup lorsque l'on sait que l'activité du Palais-Bourbon

1. Entretien avec l'auteur, le 13 septembre 2012.
2. Rapport budgétaire 2012 de Jean Launay (PS), mission « Pouvoirs publics ».

se concentre sur trois jours de la semaine et que les sessions s'étalent sur neuf mois maximum.

Si les députés gradés disposent sans difficulté d'une voiture pour effectuer des déplacements dans Paris ou rejoindre les gares et les aéroports, il n'en va pas de même pour les parlementaires de base. L'Assemblée nationale réserve en effet une vingtaine de véhicules avec chauffeur au départ de l'Assemblée mais il existe beaucoup de candidats et peu d'élus. Heureusement, les députés peuvent prendre des taxis et se faire rembourser ! Et ils ne s'en privent pas ! La note de taxi pour les parlementaires et les fonctionnaires de l'Assemblée nationale a atteint en 2010 la somme rondelette de 1,28 million d'euros, dont 800 000 euros pour les seuls députés. Sur 577 élus, cela représente en moyenne 1 386 euros par personne et par an, sachant qu'une partie des députés n'ont pas besoin de ce moyen de transport car ils disposent d'une voiture de fonction. Les fonctionnaires se déplacent eux aussi assez souvent en taxi, à hauteur de 485 000 euros en 2010, notamment pour rentrer chez eux après les nombreuses séances de soirée et de nuit.

L'utilisation compulsive des taxis par les députés paraît d'autant plus élevée que, depuis quelques années, les questeurs, qui eux roulent en voiture de fonction, incitent leurs collègues à prendre le métro pour leurs déplacements dans la capitale. L'Assemblée nationale a distribué plus de 400 Pass Navigo et règle chaque année à la Ratp 230 000 euros. Vu la faible utilisation des Pass, peut-être vaudrait-il mieux rembourser les tickets de métro à l'unité !

Concernant le budget transports et déplacements, un autre chiffre intrigue lorsqu'on examine les comptes du Palais-Bourbon. L'Assemblée nationale qui dispose d'un parking sous la cour d'honneur et d'une cinquantaine d'emplacements sous l'immeuble « Las Cases », rue Saint-Dominique, se débrouille encore pour louer des places dans le parking public situé sous l'esplanade des Invalides : 342 605 euros en 2010. À raison de 200 euros par mois et par emplacement, soit 2 400 euros par an, on arrive à 142 places de parking louées dans le quartier le plus cher de la capitale !

« *La démocratie a un prix et il faut montrer qu'il n'y a aucun excès*[1] », confiait Claude Bartolone un mois après son élection au perchoir. Avec le concours actif du premier questeur Bernard Roman, le président de l'Assemblée nationale a repris à son compte des mesures d'économies qui étaient déjà, pour la plupart, dans les tuyaux. Comme il y a de la marge sur certains postes budgétaires, le tour de vis ne devrait pas poser de problèmes. Pour mieux répartir les efforts entre parlementaires et fonctionnaires, soucieux de conserver des conditions de travail confortables, l'hôtel de

1. Entretien avec l'auteur, le 23 juillet 2012.

Lassay a communiqué notamment sur le coup de rabot appliqué aux frais de transports des députés. Pas tant sur les déplacements en voiture comme on l'a vu, mais sur les voyages en avion ou en train auxquels ils ont droit. La suppression des vols en première classe va permettre, selon Bernard Roman, d'économiser 260 000 euros par an sur un budget total de 3,5 millions d'euros. Pour avoir droit à la classe « affaire », le député devra voler plus de cinq heures. Sinon il se contentera de la classe économique. Pour le train, en revanche, les voyages en première classe sont maintenus. Il s'agissait d'une revendication forte des élus de province qui prennent les lignes non desservies par le TGV, souvent saturées.

Ces coupes dans les frais de déplacement n'ont pas épargné l'un des privilèges les plus secrets de l'Assemblée : le « voyage de familiarisation outre-mer ». Cette sobre dénomination couvrait la possibilité donnée au député de convertir ses déplacements en billet d'avion vers l'outre-mer. Le but : faire connaître aux élus métropolitains les réalités de nos territoires lointains. Un objectif louable. Mais qui avait du mal à camoufler des vacances gratuites au soleil. Peu d'élus choisissaient de se « familiariser » avec l'outre-mer en s'envolant pour Saint-Pierre-et-Miquelon. Ce privilège est désormais supprimé.

Cette gestion à « l'euro près », au moins dans le discours, se heurte discrètement aux députés et au personnel de l'Assemblée. Ainsi, la dématérialisation des documents parlementaires passe mal auprès d'élus habitués à manipuler du papier. Il en est qui s'étranglent de voir que certains rapports publics ne leur sont plus distribués. « *Ils sont consultables sur Internet* », leur répond-on. Ces dernières années, les frais d'impression ont nettement diminué même s'ils ont encore atteint 680 000 euros en 2011. Jusque récemment, la gabegie était telle que la moindre impression de documents était confiée à des entreprises extérieures qui en ont bien profité. En 2010, les services de l'Assemblée nationale ont enfin découvert l'eau tiède. Pour les documents de quelques pages, tirés à peu d'exemplaires, ils se sont rendu compte qu'il était moins coûteux de les éditer en interne. À l'inverse, le recours à un imprimeur externe est plus avantageux pour les gros tirages de documents de plus de huit pages. Quelle trouvaille ! Résultat : 30 % d'économies en 2010 et 14 % en 2011. Les frais ont presque été réduits de moitié en deux ans. Au passage, le Palais-Bourbon, enfin touché par la grâce, a décidé de se montrer moins généreux avec ses imprimeurs, profitant du renouvellement du marché pour faire baisser les prix.

La chasse au papier en vigueur à l'Assemblée nationale n'épargne personne. Les députés de la 14e législature, élus en juin 2012, ont constaté que, dans un souci d'économie, leur paquetage de bienvenue ne contenait pas les beaux livres et documents habituels sur l'Assemblée nationale. Enfin, pas dans leur version papier. Tout tenait dans une petite clé USB. Sans doute pour s'excuser de ce manque de générosité, la questure s'est rattrapée sur la qualité de la fameuse « mallette », en réalité un bagage cabine luxueux, offert aux 577 parlementaires.

Dans le même esprit, l'Assemblée persistait à rembourser, jusqu'à 6 150 euros par an aux députés qui le demandaient, un forfait global annuel incluant téléphone mobile et Internet pour l'élu et ses collaborateurs. Une somme qui ne tenait évidemment pas compte de la baisse des tarifs de ces dernières années. Voyant que le plafond fixé par l'Assemblée était généreux, aucun député n'était motivé pour trouver lui-même le meilleur rapport qualité-prix. L'Assemblée nationale a donc eu l'idée lumineuse de passer un appel d'offres pour équiper tous les députés d'un forfait illimité. Le marché a été remporté par Orange en 2012 pour un montant tenu secret, mais les services du Palais-Bourbon ont déjà anticipé de substantielles économies.

Les exemples de cette culture peu tournée vers la recherche d'économies sont légion. L'ancien questeur Richard Mallié était devenu la bête noire des fonctionnaires de l'Assemblée. Son tort ? Chaque fois qu'il était question d'un recrutement, d'une création de poste, l'ex-député avait l'indécence de demander des explications. « *J'ai été maire d'une commune de 11 000 habitants*[1], *j'avais l'habitude de surveiller mes services, d'aller sur le terrain et j'ai continué à l'Assemblée,* confirme l'ancien parlementaire. *J'avais l'intime conviction que la règle du non-remplacement d'un fonctionnaire sur deux partant à la retraite ne s'appliquait pas au Palais-Bourbon. J'insistais donc pour qu'on m'explique pourquoi il fallait recruter dans tel ou tel service.* » Il a ainsi hérité de l'étiquette d'« *emmerdeur* » qui lui a collé à la peau comme le sparadrap du capitaine Haddock.

Tant que députés et fonctionnaires baignaient dans l'opulence, il n'y avait ni tensions ni jalousies. Évidemment, en période de sobriété budgétaire, voire de restriction, à l'Assemblée comme partout, chacun regarde dans l'assiette du voisin et compare. De plus en plus de députés ont ainsi le sentiment que les mesures d'économies, encore timides, touchent le cœur du travail parlementaire, alors qu'elles épargnent les grandes masses budgétaires, plus difficiles à rogner, comme la rémunération des fonctionnaires. Ou, sujet tabou, le train de vie de l'hôtel de Lassay. Ce n'est ni l'avis des questeurs ni l'avis du président de l'Assemblée nationale, qui revendique un nouveau mode de gestion plus rigoureux et un serrage généralisé des boulons permettant de faire baisser les dépenses de fonctionnement.

Un épisode survenu en juillet 2012 montre pourtant que les coupes peuvent entraver directement le travail des

1. Bouc-Bel-Air (Bouches-du-Rhône).

députés. La 13e législature (2007-2012) comptait quatre groupes politiques, deux gros, UMP et PS, et deux petits, d'une vingtaine de députés chacun, pour le Nouveau Centre et la Gauche démocrate et républicaine, composée essentiellement d'élus communistes et apparentés. Pour pouvoir fonctionner, c'est-à-dire recruter quelques collaborateurs afin de travailler sur les textes de loi, préparer les amendements et assister les députés qui vont porter la voix du groupe, les « petits » avaient obtenu un budget de 45 000 euros par mois. Cela peut paraître beaucoup, mais c'était sept fois moins que le groupe majoritaire. Les groupes ultra-minoritaires ont ainsi pu embaucher un secrétaire général, parfois un adjoint, un assistant pour répondre au téléphone ou rédiger des courriers, et surtout quelques salariés pour suivre les travaux de chaque commission ou presque. Le tout avec des rémunérations bien plus modestes que celles des fonctionnaires de l'Assemblée.

On touche là à ce qui fait l'essence du travail parlementaire. Pourtant, les petits groupes de la législature suivante, celle de juin 2012, ont failli avoir les ailes rognées. Outre les deux gros habituels, PS et UMP, l'Assemblée compte désormais quatre petits groupes, composés de 15 à 30 députés. Or les questeurs ont décidé de ne pas augmenter l'enveloppe globale dévolue aux groupes politiques. Résultat : le nouveau groupe écologiste s'est vu proposer 26 000 euros par mois, alors qu'il en espérait 45 000. Ses dirigeants ont protesté directement auprès du cabinet du président de l'Assemblée nationale qui a tenté de calmer le jeu : ce sera 28 000 euros ! Nouveaux cris d'orfraie et finalement, Claude Bartolone a rétabli les 45 000 euros. Afin de ne pas gonfler les dépenses de l'Assemblée, le président a financé le maintien des moyens de chacun en économisant sur les billets d'avion et la fin des voyages en première classe.

Pourtant même ces 45 000 euros par mois seraient encore insuffisants, à en écouter les responsables de ce groupe politique qui se disent contraints de bricoler pour disposer des moyens nécessaires. Par exemple, tous les députés écologistes versent à leur groupe une part de leur « crédit collaborateur », soit 1 500 euros par mois sur 9 138 euros. Comme cela n'est toujours pas assez, le groupe compte sur le coup de main des deux députés écologistes qui ont des postes importants, donc des moyens, Denis Baupin, un des vice-présidents de l'Assemblée, et Danielle Auroi, présidente de la commission des Affaires européennes. Ces fonctions donnent droit à des collaborateurs supplémentaires qui aident le groupe sur certains dossiers.

Ces combines pour récupérer des ressources sont autorisées, voire encouragées. Y compris celle qui consiste à « rendre » des fonctionnaires mis à disposition des groupes politiques. En effet, les services de l'Assemblée leur affectent des agents statutaires chargés notamment de porter le courrier ou d'autres tâches pratiques. Seulement voilà, les groupes peuvent troquer ce personnel contre de l'argent : 2 700 euros par mois et par fonctionnaire rendu ! Le groupe écologiste a donc répudié ses trois fonctionnaires et encaissé 8 000 euros par mois de plus pour payer les collaborateurs dont il a besoin.

Pourquoi ces agents sont-ils estimés à 2 700 euros alors que leur rémunération équivaut au double ? Parce que l'administration qui les reprend doit leur trouver une nouvelle affectation. Ce sont des fonctionnaires statutaires qui bénéficient de la sécurité de l'emploi. En acceptant ce marchandage avec les groupes politiques, l'Assemblée nationale paye donc deux fois pour un poste dont elle n'a pas besoin. La chasse au gaspi, pourtant clamée haut et fort, trouve vite ses limites.

VIII

UNE MAISON DE VERRE OPAQUE

Il n'y a pas foule ce mercredi 9 mai 2012 dans les couloirs de l'Assemblée nationale. On y croise peu de membres du personnel et encore moins de députés, la plupart mobilisés par la campagne dans leur circonscription pour les élections législatives de juin. Depuis trois jours, les Français ont un nouveau président, François Hollande, Nicolas Sarkozy est encore à l'Élysée et le gouvernement Fillon expédie les affaires courantes. À l'Assemblée, c'est la trêve depuis deux mois. Aucune séance à l'horizon, aucun texte à examiner, pas la moindre réunion de commission. Une quinzaine de députés ont pourtant rendez-vous dans une salle du Palais-Bourbon. Ce sont les membres de la commission spéciale chargée de vérifier et d'apurer les comptes de l'Assemblée nationale.

Ces députés se seraient bien passés de ce déplacement à Paris mais, quand on a choisi de siéger dans l'une des innombrables commissions, délégations ou comités, que se répartissent les élus du peuple, il faut assumer. Ce sont les derniers comptes qu'ils sont appelés à approuver avant les législatives. Approuver, car il ne peut pas en être autrement. Cette commission spéciale, composée de députés de tous bords politiques, a pour tâche d'examiner les comptes de l'exercice écoulé, sur la foi d'un rapport des questeurs. Il s'agit d'un document comptable aride d'une centaine de pages auxquelles s'ajoutent des annexes. Les trois questeurs demandent donc à une commission composée de collègues de leur donner quitus. La boucle est bouclée.

Dans cet exercice, rares sont les questions gênantes. Bien sûr, les membres de la commission spéciale sont censés pouvoir demander des explications ou des précisions avant de donner leur feu vert. Il y a quelques années, le député centriste Charles de Courson avait jeté un froid en menaçant de ne pas approuver les comptes : il avait constaté que des sommes en liquide, donc au « black », étaient versées à des fournisseurs ou membres du personnel. Finalement, l'affaire s'était réglée sans vagues, avec la promesse des questeurs de ne plus cautionner de telles pratiques. En réalité, si la commission spéciale apure les comptes, elle ne vérifie rien.

Les députés qui la composent y siègent sans grande passion, à quelques exceptions près, comme les sourcilleux Charles de Courson et René Dosière, qui ne rechignent pas à se plonger dans les chiffres. Comme par hasard, aucun des deux n'a été reconduit lors du renouvellement de la commission en septembre 2012. Écartés sans doute pour leur penchant, pourtant timide, à alerter l'opinion publique sur l'opacité et certaines dérives du Palais-Bourbon.

Depuis 2007, pour atténuer la fâcheuse impression que les députés s'autocontrôlent, les comptes de l'Assemblée sont certifiés par le Conseil supérieur de l'Ordre des experts-comptables. Ils le seront, à partir de 2013, par la Cour des comptes[1] même si, comme le souligne l'organisation Transparency international[2], « *il s'agit d'un contrôle formel qui n'a pas pour objectif de mesurer l'efficience de la gestion ni d'apprécier l'efficacité des dépenses engagées au regard des objectifs poursuivis* ».

Reste à savoir si ce léger progrès s'accompagnera d'un effort de transparence car, aussi incroyable que cela puisse paraître, l'Assemblée nationale ne publie qu'une version édulcorée de ses comptes. Sur le site Internet de l'institution, on ne trouve – et encore en cherchant bien – que le rapport de la commission spéciale chargée de vérifier et d'apurer les comptes dans lequel figure la certification des experts-comptables. Pourquoi pas le document établi par les questeurs ? Il suffit de comparer les deux, le publié et le confidentiel, pour avoir une idée de la réponse.

1. Voir chapitre I.
2. Pour un Parlement exemplaire, Transparency International France, septembre 2012.

Le second contient des chiffres autrement plus précis, dont le peuple n'est sans doute pas digne d'être informé. Impossible de trouver sur le rapport en ligne le détail des achats de véhicules, le lecteur doit se contenter de la dépense annuelle. Pas de précision non plus sur les achats et sur la restauration d'œuvres d'art. Sur les frais de fonctionnement, la version publique est étrangement expurgée des sommes allouées à chaque groupe politique pour leur secrétariat. La subvention accordée à l'Association sportive et culturelle de l'Assemblée nationale, qui gère notamment la salle de sport (125 000 euros en 2010), a étrangement disparu du rapport mis en ligne. Même discrétion concernant les 26 000 euros alloués au salon de coiffure du Palais-Bourbon. Fréquenté par les députés qui payent moins cher que chez les coiffeurs du quartier, le salon n'est pas rentable et doit être renfloué par l'Assemblée. Le document « light » ne s'attarde pas non plus sur les dépenses des membres du personnel[1], évacuées en quelques données de base. Les grands tableaux récapitulatifs remplis de chiffres restent également confidentiels. Les dépenses de voyages des députés sont expédiées en une courte ligne alors que le rapport des questeurs y consacre plus d'une demi-page. Recenser ici ce qui relève à l'évidence d'un travail méthodique de nettoyage serait trop fastidieux. Une chose semble sûre : la transparence des comptes n'est pas encore d'actualité.

1. Voir chapitre II.

Et les citoyens, soucieux de l'utilisation des deniers publics, ne sont pas les seuls à pâtir de cette opacité. Les députés eux-mêmes n'ont pas accès aux documents comptables, bien à l'abri dans le bureau des questeurs ou des membres de la commission spéciale chargée de vérifier et d'apurer les comptes. Cas symptomatique, le député désigné comme rapporteur du budget de l'Assemblée nationale [1] lors de l'examen de la loi de finances n'est pas mieux traité que les autres rapporteurs qui s'échinent à réclamer des chiffres aux différents ministères. On pourrait penser qu'être un élu offre un meilleur accès à l'information interne, mais non ! Le socialiste Jean Launay, rapporteur de 2007 à 2012, a adressé de manière formelle des questionnaires aux différents services et à la questure. Même la présidence de la République, sur laquelle portait aussi sa mission, s'est montrée plus ouverte et plus accueillante avec le député. Les habitudes ont la vie dure et il ne suffit pas de sauter sur sa chaise comme un cabri en disant « transparence, transparence, transparence » pour changer les mentalités. Le voyant rouge de l'antiparlementarisme est toujours prêt à clignoter dès que des informations sortent sur le train de vie de l'Assemblée ou du Sénat. Alors, on verrouille. Parler d'argent

1. Les crédits de la mission « Pouvoirs publics » sont ceux de l'Assemblée nationale, du Sénat, du Conseil constitutionnel, de la présidence de la République, de la chaine parlementaire, de la Haute cour de justice, de la Cour de justice de la République auxquels s'ajoutent les indemnités des représentants français au Parlement européen.

est inconvenant. « *La première fois que j'ai été élu député,* se souvient François de Rugy, coprésident du groupe écologiste, *une chose m'a frappé : le fonctionnaire chargé de m'accueillir à l'Assemblée a parlé tout bas dès qu'il a abordé les questions matérielles et d'argent.* » La discrétion sur ce qui se passe à l'Assemblée reste une règle absolue que les députés respectent au moins autant que les fonctionnaires, soumis, eux, à un strict devoir de réserve.

Si un sujet a longtemps fait l'objet d'une omerta pesante au Palais-Bourbon, c'est bien la réserve parlementaire. Contrairement à une idée reçue, cette enveloppe de 90 millions d'euros par an qui sert à subventionner des projets locaux est prélevée directement sur le budget de l'État, et pas sur celui de l'Assemblée nationale. Par ce biais, les députés soignent leur image sur leur terre d'élection en contribuant au financement d'une salle de sport, à la construction d'un rond-point, la rénovation d'un local associatif ou la restauration d'un hôtel de ville. Par tempérament ou par nécessité électorale, un député ne rechigne jamais à faire plaisir à un maire de sa circonscription ou à un influent responsable d'association.

La réserve parlementaire n'est pourtant pas une caisse noire qui permet d'arroser des amis. L'attribution des fonds suit un chemin très balisé. Les subventions sont votées sur les crédits, pour l'essentiel, des ministères de l'Intérieur, de la Culture ou des Sports. Ensuite, l'argent suit un circuit classique jusqu'en région où les services de l'État débloquent les sommes votées et s'assurent de leur bonne utilisation, selon les règles légales.

Seul hic, alors que le montant global de la réserve est connu, aucun député ne sait vraiment à combien il a droit. Tout se passe à la commission des Finances qui garde la haute main sur la préparation et l'examen du projet de loi de finances. Comme, depuis 2007, son président est issu de l'opposition et que son rapporteur général appartient à la majorité, le partage du gâteau s'est compliqué un peu plus. L'opacité règne même s'il est de notoriété publique que le rapporteur général de la commission des finances détient les cordons de la bourse. Jusqu'en juin 2012, selon une règle officieuse, on attribuait 30 000 à 50 000 euros par député de l'opposition et 150 000 euros par élu de la majorité. Mais, selon le bon vouloir ou l'humeur des ténors de la commission des finances, cela pouvait varier. En fait, aucun député ne savait, d'autant que ce sont les présidents des groupes politiques qui répartissent la cagnotte. Le parlementaire n'est pas informé de ce que touchent ses collègues. Ainsi le secret était bien gardé.

Au nom de la nécessaire transparence, Claude Bartolone a engagé dès son arrivée à l'hôtel de Lassay une petite révolution. Le nouveau président a voulu tirer un trait sur le mode de gestion de la réserve parlementaire en annonçant le 25 septembre 2012 que, désormais, sa répartition se ferait selon le principe d'une stricte équité. Chaque député, de l'opposition comme de la majorité, aura droit à la même enveloppe de subventions. Par ailleurs, à la fin de l'année 2013, la liste des subventions et des investissements soutenus par la réserve parlementaire sera publiée. Tout le monde pourra voir qui a permis de financer quoi. Quelques députés ont déjà diffusé sur leur site Internet la liste des projets qu'ils ont contribué à financer, mais il n'y a pas eu d'effet contagion. Parmi eux, René Dosière a même demandé au ministère de l'Intérieur de lui fournir, pour chaque département, le montant des subventions accordées au titre de la réserve parlementaire. Le député de l'Aisne a attendu la réponse plusieurs mois.

Les annonces du président de l'Assemblée ne suffisent pourtant pas à éclaircir les zones d'ombre. Tous les députés n'ont pas compris la même chose. Auront-ils vraiment droit à une enveloppe identique ? Les présidents des groupes politiques continuent de tirer les ficelles. Le patron des députés socialistes, Bruno Le Roux, a évoqué la somme théorique de 130 000 euros par député, attribuée à chaque groupe. Mais 130 000 euros multipliés par 577 élus, le compte n'y est pas : on arrive à 75 millions sur 90. Qui bénéficiera des 15 millions restants ? Officiellement, mystère. Selon *Le Canard enchaîné*[1], ils seront à la disposition des hiérarques du Palais-Bourbon : le président de l'Assemblée, les trois questeurs, les six vice-présidents, les douze secrétaires, le président de la commission des Finances et le rapporteur général, soit une moyenne de 625 000 euros par personnalité ! D'autres députés, mécontents de cette réforme trop égalitariste à leur goût, voudraient introduire au sein des groupes politiques une sorte de bonus-malus afin de favoriser les parlementaires les plus bosseurs. Sur quels critères ? Établis par qui ? Bonjour l'ambiance au sein des groupes lorsque les députés consulteront la liste des subventions accordées aux uns et aux autres ! Le passage de l'ombre à la lumière trace un long chemin.

Les députés, premiers dans leurs discours à prôner la transparence, sont plus mesurés quand il s'agit de l'appliquer à eux-mêmes. La crispation en juillet 2012, autour du contrôle de l'Indemnité représentative de frais de mandat (IFRM), censée prendre en charge les dépenses non remboursées directement par l'Assemblée, comme le loyer de la permanence, déplacements ou notes de restaurants, est à cet égard révélatrice. Le député centriste Charles de Courson a profité de l'examen du projet de loi de finances rectificatif pour déposer un amendement un peu tordu, proposant de rendre vérifiable par le fisc la part de l'IRFM

1. *Le Canard enchaîné*, 17 octobre 2012.

non utilisée par les députés à des fins professionnelles. Une manière pour lui d'officialiser – et de dénoncer – une pratique connue de tous au Palais-Bourbon : l'IRFM sert aussi à régler des frais personnels. En fait, personne ne peut contrôler. Les députés n'étant pas des salariés de l'Assemblée nationale, mais des élus du peuple, n'ont pas de comptes à rendre à l'administration du Palais-Bourbon. Pas plus qu'ils n'ont à se justifier auprès du fisc, bras armé de l'exécutif. La séparation des pouvoirs protège les parlementaires, qui utilisent donc comme bon leur semble les 6 412 euros brut mensuels (un peu moins de 5 900 euros net, une fois déduites la CSG et la CRDS) versés par l'Assemblée sur un compte professionnel.

Sans surprise, l'amendement Courson a été rejeté[1]. Le député centriste a été quasiment insulté par certains de ses collègues dans les couloirs de l'Assemblée pour avoir orchestré la médiatisation de l'IRFM. Sur son blog, le rapporteur général de la commission des Finances, Christian Eckert, a estimé que l'amendement était une « *ânerie* » car, selon lui, fiscaliser le reliquat d'indemnité que l'élu met dans sa proche reviendrait à légitimer cette pratique. Résumant le sentiment d'une majorité de députés, l'élu socialiste écrit : « *Le coût de la voiture, des repas, des vêtements, des achats*

1. Lors du scrutin public du 19 juillet 2012, 108 députés ont voté contre, 24 pour, 13 se sont abstenus.

divers, tout peut devenir discutable tant un parlementaire conjugue presque quotidiennement vie publique et vie privée ». Certains chefs d'entreprise ou membres de professions libérales pourront reprendre cette formule à destination du contrôleur des impôts qui s'intéresse à leur cas.

Sur la transparence, le jugement de Christian Eckert est encore plus tranché : « *Les invitations d'un parlementaire et ses lieux de déplacements n'ont pas à être jugés en opportunité par le grand public. Que, en revanche, les questeurs de l'Assemblée puissent en toute confidentialité vérifier la bonne fin de l'utilisation de l'IRFM est nécessaire.* » Rien ne doit donc sortir de l'Assemblée et les députés sont habilités à s'autocontrôler, la rengaine est connue. Quant à l'amendement forcément populiste de leur collègue Charles de Courson, il n'aurait fait qu'alimenter l'antiparlementarisme. Là encore, le refrain est célèbre.

Chaque fois que les députés sont pris en flagrant délit d'opacité ou de dissimulation, le scénario reste le même. Le président de l'Assemblée convoque les questeurs pour allumer un contre-feu médiatique. C'est ainsi que, moins de deux mois après la polémique autour de l'IRFM, Claude Bartolone a annoncé lors d'une conférence de presse une baisse de 10 % de l'indemnité afin de financer des mesures en faveur des collaborateurs parlementaires. Désormais, les députés devront déclarer sur l'honneur que les frais engagés ont bien un lien avec leur travail de parlementaire. Les sommes non dépensées en fin de mandat devront être restituées. Jusqu'à présent, l'Assemblée nationale hésitait à les réclamer. Enfin, courant 2013, une réflexion sera menée par le déontologue de l'Assemblée, lequel devra sonder les députés afin de déterminer le bon niveau des frais de représentation. Bon courage à Noëlle Lenoir, nommée déontologue en octobre 2012, tant les députés sont allergiques à cette fonction voulue par Bernard Accoyer.

La création de ce poste répondait du côté de l'Assemblée à la déferlante médiatique de l'affaire Woerth-Bettencourt et ses relents de conflits d'intérêts. Dans ce climat, en 2010, Nicolas Sarkozy confiait à un trio composé du vice-président du Conseil d'État, Jean-Marc Sauvé, du premier président de la Cour des comptes, Didier Migaud, et de l'ex-Premier président honoraire de la Cour d'appel de Paris, Jean-Claude Magendie, la mission de plancher sur la prévention des conflits d'intérêts. Le Sénat et l'Assemblée nationale réunissent leur propre commission de réflexion et, comme d'habitude, vont jouer à qui sera le plus vertueux.

Bernard Accoyer dégaine début 2011 un code de déontologie applicable aux députés et crée un poste de déontologue, auquel le professeur de droit constitutionnel, Jean Gicquel, est nommé en avril 2011. Son nom a été approuvé à l'unanimité du bureau. L'homme est respecté pour ses travaux universitaires, il n'a jamais été parlementaire et a toujours su rester discret sur ses opinions politiques. Incontestable, donc. Pourtant, la greffe ne prend pas. Les députés ne comprennent pas le sens de sa mission. Ils le consulteront d'ailleurs très peu sur d'éventuelles incompatibilités entre leur mandat de député et d'autres activités. Aucun député devenu avocat en cours de mandat par exemple n'a voulu le rencontrer, alors que son rôle justement est de conseiller les élus afin de prévenir tout risque de conflits d'intérêts. « *Certains collègues se méfient de cet intrus dans leurs murs, mais la plupart sont indifférents car ils savent qu'il n'a aucun pouvoir* », résume un député. S'il constate une situation anormale, le sage de l'Assemblée peut seulement prévenir le bureau qui décidera ou non de sanctionner. Or aucune échelle de sanction n'est prévue. Pas de quoi trembler.

Les députés ont pourtant eu tort de sous-estimer Jean Gicquel. Le seul rapport qu'il a rendu début 2012 a fait grincer des dents en interne. Le document épingle l'organisation de colloques à l'Assemblée nationale dans des conditions opaques, financés par des entreprises privées, sous le haut patronage de députés conciliants. Le déontologue pointe aussi les dizaines de clubs parlementaires qui réunissent les députés fans de Tintin, fumeurs de Havane ou, plus sérieusement, les élus intéressés par les questions de santé, d'espace, d'agriculture. Informels et non répertoriés par l'Assemblée nationale, ces groupes sont souvent organisés par des sociétés de lobbying ou des industriels. « *Un club sur la santé publique financé par un grand laboratoire pharmaceutique est un curieux mélange des genres ; une telle situation ne manque pas d'appeler de la part du déontologue de sérieuses réserves* », note ledit rapport [1].

Là encore, les députés n'aiment pas trop qu'on révèle leurs petites cuisines. Jean Gicquel n'a pas survécu à l'alternance. Il a été remplacé par l'ancienne ministre de Jacques Chirac et ex-membre du Conseil constitutionnel, Noëlle Lenoir. Dans les textes, le mandat du déontologue s'achève en fin de législature et n'est pas renouvelable. Dans le cas de Jean Gicquel, la législature n'a duré qu'un an.

L'éminent professeur de droit constitutionnel n'aura donc pas eu le temps de recueillir les déclarations d'intérêts [2] que doivent désormais remplir tous les députés en début de mandat. Les parlementaires devraient y signaler leurs activités professionnelles rémunérées, celles qui l'ont été au cours des cinq dernières années, les activités de consultant et les participations financières directes à hauteur de plus de 15 000 euros dans le capital d'une société. Cette déclaration est élargie aux proches (conjoint, concubin, pacsé, enfants,

1. Rapport du déontologue au bureau de l'Assemblée nationale, février 2012.
2. Fomulaire type à remplir remis à chaque élu en début de mandat.

parents) qui, eux, doivent juste informer de leur profession. Un détail : alors que les déclarations d'intérêts des ministres et des sénateurs sont publiées et consultables sur Internet, l'Assemblée nationale traînait encore les pieds fin 2012. Les députés avaient pourtant trente jours après leur élection pour remplir cette formalité. Pas sûr qu'ils se pressent non plus à remplir les registres ouverts chez Noëlle Lenoir et déclarer tout don ou avantage supérieur à 150 euros, ainsi que toute invitation à un voyage. Là aussi, aucune sanction n'est indiquée en en cas de non-respect de cette obligation.

Curieusement, le déontologue ne traite pas directement de la question du lobbying au Palais-Bourbon. Ce sont les députés qui s'en chargent. Comme toujours, dans la précipitation.

Depuis 2009, les « représentants d'intérêts » – c'est ainsi que l'on nomme les lobbyistes au Parlement – qui veulent accéder à l'Assemblée nationale doivent montrer patte blanche et accepter un code de bonne conduite. Le registre des représentants d'intérêts compte 150 inscrits : entreprises, fédérations professionnelles, associations, cabinets de lobbying et organismes divers. Ce chiffre peut paraître important mais il est faible par rapport au nombre réel de lobbyistes qui approchent les députés.

Lors de la précédente législature, les débats sur les OGM ou la création d'Hadopi avaient mis en lumière l'influence des groupes de pression, qui sont officiellement sous surveillance d'une délégation spéciale émanant du bureau de l'Assemblée. Ce système, même imparfait, ronronnait tranquillement jusqu'au changement de majorité en juin 2012, et surtout jusqu'à la réunion du bureau de l'Assemblée, le 10 octobre 2012. Le nouveau président de la délégation chargée des représentants d'intérêts, le député PS Christophe Sirugue, a annoncé que les « *représentants d'entreprises privées œuvrant dans certains secteurs sensibles* » seraient rayés de la liste. Sont exclusivement visées l'industrie pharmaceutique et l'agrochimie. Dans ces secteurs, seuls seront inscrits les représentants des organisations professionnelles.

Toujours réceptifs à l'air du temps, les députés ont évidemment en tête l'affaire Servier. En pleine tempête médiatique, la lobbyiste du laboratoire, Corinne Moizan, s'était vu retirer son badge en septembre 2011, coupable, non pas d'avoir approché des parlementaires, mais de l'avoir indiqué à la presse et, surtout, d'avoir donné des noms.

Plusieurs lobbyistes travaillant pour des grands groupes comme Monsanto ou Bayer ont donc reçu un courrier les informant de leur éviction. Certains députés voulaient aller plus loin en bannissant, purement et simplement, tous les lobbyistes représentant des entreprises, mais il n'y avait pas de consensus au sein de la délégation parlementaire. Suite à cette décision du bureau, les représentants de groupes comme Total, Thales, Hachette ou Carrefour – appartenant donc à des secteurs considérés comme ni « sensibles » ni stratégiques –, continuent d'avoir accès à l'Assemblée avec un badge de lobbyiste. Les exclus n'ont plus qu'à se faire représenter par les fédérations professionnelles auxquelles ils sont affiliés.

« *Il s'agit de mesures transitoires* », jure Christophe Sirugue[1] qui doit remettre au président Claude Bartolone des propositions sur le lobbying à l'Assemblée alors que la littérature interne sur le sujet est déjà abondante[2]. Lors de cette réunion du bureau, le 10 octobre, outre l'exclusion des entreprises des « *secteurs sensibles* », les députés ont décidé de n'accorder des badges que pour un an, renouvelable, alors qu'ils étaient auparavant valables pour la durée de la législature, c'est-à-dire cinq ans.

Il a également été demandé à vingt-deux lobbyistes qui n'avaient pas récupéré leur badge de le faire sans tarder, sous peine d'être rayés de la liste. Preuve, s'il en était, que l'intérêt de ces accréditations pour les représentants d'intérêts est très relatif. Rien ne leur interdit en effet de prendre contact directement avec un parlementaire et de le rencontrer ailleurs qu'au Palais-Bourbon. Certains représentants d'intérêts sont même « déguisés » en assistants parlementaires,

1. Entretien avec l'auteur, le 17 octobre 2012.
2. Proposition de résolution Beaudoin-Grosskost (2006), rapport Charié (2008).

avec la complicité de députés qui les déclarent comme collaborateurs bénévoles ou à temps partiel. En février 2012, le lobbyiste n° 1 des chasseurs, Thierry Coste, s'est vu interdire l'accès à l'Assemblée nationale. Il arborait un badge de collaborateur obtenu grâce à Jérôme Bignon, député de la Somme jusqu'en 2012, ex-président du groupe d'études « Chasse et territoires » et auteur d'une proposition de loi considérant les chasseurs comme des acteurs « *efficaces de gestion de la biodiversité* ». Le bureau de l'Assemblée a justifié sa décision en arguant que le « *collaborateur bénévole exerçait de façon notoire une activité parallèle de lobbyiste* ». Tous les députés savaient en fait qu'il s'agissait d'un lobbyiste rémunéré, menant de manière officielle une activité parallèle de collaborateur parlementaire.

ÉPILOGUE

Un objectif drastique de réduction de déficits, 10 milliards d'économies pour l'État en 2013, 150 000 postes de fonctionnaires en moins de 2007 à 2012. Ces décisions prises par Nicolas Sarkozy ou François Hollande ont toutes été votées par les députés lors de l'examen des lois de finances. Ces mêmes parlementaires qui serrent la ceinture de l'État ferment les yeux sur le train de vie et les gaspillages de la maison qu'ils occupent et qu'ils gèrent. Certes, un peu plus de 500 millions d'euros de budget annuel représente une goutte d'eau par rapport aux 374 milliards de dépenses de l'État inscrites dans le budget 2013 et aux 1 700 milliards de dette publique.

Cette goutte d'eau a pourtant valeur d'exemple. N'en déplaise aux dirigeants de l'Assemblée nationale qui se sont persuadés, à force de le répéter, que le Palais-Bourbon était entré dans l'ère de la rigueur, les faits et les chiffres sont têtus. Est-il juste que l'Assemblée nationale continue de percevoir *grosso modo* la même dotation chaque année, alors que son gros bas de laine rempli au fil des ans continue de produire des intérêts ? En période de crise, le Palais-Bourbon ne pourrait-il pas y puiser chaque année quelques millions d'euros que l'État n'aurait ainsi pas à verser ?

Exemplaire, l'Assemblée nationale pourrait le devenir sur son fonctionnement quotidien et ses effectifs de fonctionnaires. Encore faudrait-il que les députés travaillent différemment. Si l'institution coûte si cher, c'est aussi parce qu'ils ont calqué l'agenda, et donc l'intendance, de l'Assemblée sur leur propre emploi du temps. Le cumul des mandats est de ce point de vue désastreux car il concentre l'activité parlementaire sur deux jours par semaine, ce qui génère d'importants surcoûts. Claude Bartolone a raison de miser sur le mandat unique pour changer le fonctionnement de l'Assemblée nationale, mais cela restera insuffisant. Les députés exigent beaucoup de leur maison et de son personnel. Si les députés votent beaucoup de lois, ils produisent – et font produire – des centaines de rapports par session. Des documents qui ne comptaient qu'une dizaine de feuillets au début de la Ve République comprennent aujourd'hui jusqu'à 300 ou 400 pages. Il y a incontestablement un effort de redéploiement d'effectifs à opérer au profit de la matière grise de l'Assemblée, celle qui concourt à la qualité du travail parlementaire.

Quant aux fonctionnaires, certains députés se demandent comment réduire leurs salaires élevés qui coûtent si cher à l'institution, sans mettre le feu à la maison. La remise à plat du calcul des primes – qui permettent de doubler les rémunérations – constitue une piste sur laquelle ni le président de l'Assemblée ni les questeurs ne souhaitent s'engager pour l'instant.

Et si le moyen le plus efficace de réaliser des économies était de réduire le nombre de députés ? Il y en avait 491 avant 1986. Cette année-là, à la faveur du changement de mode de scrutin et de l'instauration de la proportionnelle, l'Assemblée nationale a accueilli 86 députés de plus, ce qui a entraîné des frais supplémentaires d'installation, davantage d'indemnités à payer et des soucis immobiliers. Le scrutin majoritaire a été rétabli en 1988, mais le curseur est resté bloqué à 577 députés. L'ancien président de l'Assemblée nationale, Bernard Accoyer, plaide pour une représentation à 400 députés. Mais alors pourquoi 400, et pas 350 ou 250 ? Le débat est loin d'être tranché. En attendant, tout en restant à 577 élus, la nouvelle législature sortie des urnes en juin 2012 a accueilli 11 députés représentant les Français de l'étranger, dont l'intérêt démocratique reste à prouver, et qui, accessoirement, coûtent très cher en déplacements [1].

A priori, plus faciles à décider que les restrictions budgétaires, les efforts en matière de transparence sont ceux qui

1. Un crédit annuel égal, pour les députés des six circonscriptions européennes, au coût de 46 passages en classe affaires entre leur circonscription et Paris. Et, pour les députés des cinq circonscriptions extra-européennes, au coût de 30 passages en classe affaires entre leur circonscription et Paris (source : Assemblée nationale).

vaudraient à l'Assemblée le bénéfice le plus immédiat en termes d'image. L'antiparlementarisme se nourrit d'une opacité qui alimente tous les fantasmes sur le train de vie des élus. Les députés auraient beaucoup à gagner à prendre le risque de se dévoiler en ouvrant réellement les portes, les fenêtres, mais aussi les tiroirs du Palais-Bourbon. Quant à la préservation de la séparation des pouvoirs, elle ne doit plus servir d'alibi. Faire preuve de pédagogie, expliquer que la démocratie a un coût et l'exposer sur la place publique vaut mieux que la dissimulation.

TABLE DES MATIÈRES

Cet ouvrage a été composé et imprimé
en janvier 2013 par

FIRMIN-DIDOT

27650 Mesnil-sur-l'Estrée
N° d'impression : 116603
Dépôt légal : janvier 2013
ISBN : 978-2-35417-172-8

Imprimé en France